Zardo ✳ Brandis
Bàcari in Venezia

Bàcari in

Texte
Manuela Zardo

Fotos
Jakob Brandis

Herausgegeben von
Hellmuth Zwecker

Hugendubel

Venezia

Vom Essen und Trinken in Venedig

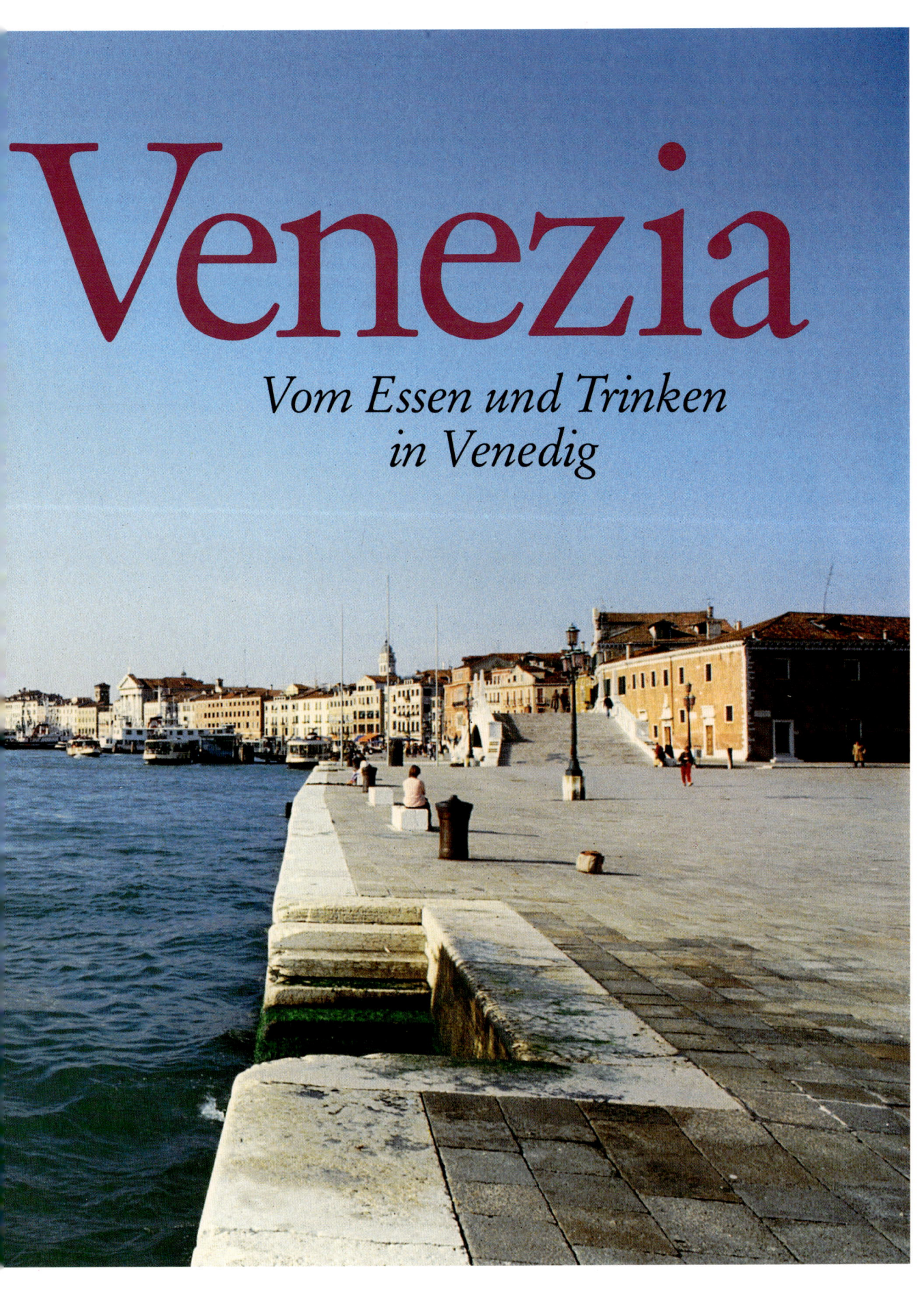

Die Deutsche Bibliothek – CIP-Einheitsaufnahme
Bàcari in Venezia: vom Essen und Trinken in Venedig / Texte
Manuela Zardo. Fotos Jakob Brandis. Hrsg. von Hellmuth
Zwecker. – 4., überarb. Aufl. – München: Hugendubel, 1997
  ISBN 3-88034-720-4
NE: Zardo, Manuela; Brandis, Jakob; Zwecker, Hellmuth [Hrsg.]

4., überarbeitete Auflage 1997
© Heinrich Hugendubel Verlag, München 1993
Umschlaggestaltung: Zembsch' Werkstatt, München
Produktion: Tillmann Roeder, München
Reproduktion: Fotolito Longo, Frangart
Druck und Bindung: Appl, Wemding
Printed in Germany

ISBN 3-88034-720-4

Inhalt

In uns liegt

In Plutarchs »Tischgesprächen« spricht Agias den bemerkenswerten Satz »... Und so wollen wir lieber das menschenfreundliche Betragen der Alten nachahmen, die nicht bloß das Leben und das Haus, sondern auch das Brot und andere Speisen miteinander genießen wollten und jeder Art von Gemeinschaft einen hohen Wert beilegten.«

Dieses »Betragen der Alten« hat in Venedig nie aufgehört. Immer während der tausendjährigen Geschichte ihrer Republik und auch in den 200 unsteten Jahren danach bis heute haben die Venezianer Haus und Leben geteilt, urban gelebt wie keine andere Gemeinschaft.

Wir Gartenzaunerrichter, Distanzraumverteidiger und Eigenheimideologen haben allen Grund, von ihnen zu lernen.

Doch Venedig entvölkert sich. Pro Tag verlassen, statistisch gesehen, drei Bewohner den *centro storico*, das alte Venedig, meist um in Mestre bequemer und dem Arbeitsplatz näher zu wohnen. Die Einwohnerzahl betrug im 14. Jahrhundert schon über 100 000, das war mehr als Paris; Venedig war die größte Stadt Europas. Heute zählt die Gemeinde Venedig 335 000 Mitglieder, davon leben aber in der alten Stadt nur 75 000, 100 000 weniger als noch nach dem Zweiten Weltkrieg, und 230 000 in Mestre.

So droht Venedig zu versinken. Größer als die Gefahr, in den Schlamm der Lagune zurückzufallen und vom Meer überspült zu werden, ist jedoch die Bedrohung, in Leblosigkeit zu versinken. Viel Geld und einsetzende ökologische Vernunft mögen es noch fertigbringen, die Bauten zu erhalten, die Kanäle vor der Verlandung zu schützen und die vielfältigen Gründe für Absinken und Überschwemmungen zu beseitigen. Doch die schrecklichste Zukunftsvision, die leere Stadt, das museale, begehbare Gesamtkunstwerk, dessen Wächter des Abends um 17 Uhr, wenn der letzte Besucher hinauskomplimentiert wurde, seine Pforten schließen und selbst nach Hause fahren – dieses Schreckgespenst ist durch keinerlei technische Maßnahme zu bremsen.

Venedig

Venedigs bewegliche Kunstwerke und einstige Reichtümer sind in alle Welt verstreut. Sein eigentlicher Reichtum, seine Menschen, ihre Traditionen, ihre menschlichen, friedlich-urbanen Lebensformen, die »jeder Art von Gemeinschaft einen hohen Wert beilegten«, drohen, sich als letzte aus den alten Mauern zu verflüchtigen.

Komme mir deshalb keiner mit Eingeborenen-Reservatsmentalität und stelle uns die moralinsaure Frage, warum wir, durch deren Beschreibung, auch die letzten Winkel, in die sich das originale venezianische Leben zurückgezogen hat, der Öffentlichkeit preisgeben. Etwas so Einmaliges wie Venedig gehört der ganzen Menschheit. Und falls wir es nicht schaffen sollten, Venedig zu retten, werden wir die Menschheit nicht retten. Um Venedig zu retten, müssen wir alle Venezianer werden. Und wo könnte man das besser werden als mitten unter ihnen, die schon immer »das Brot und andere Speisen miteinander genießen wollten«? Und den Wein, bleibt angesichts unseres Themas zu ergänzen.

Hellmuth Zwecker

Vorwort zur 4., neubearbeiteten Auflage

Ich allein in Arkadien – so hätten sie es wohl gerne, die Herren Kritiker, denen unser Geheimnisverrat so gar nicht gefallen hat. Venedig lieber tot aber leer, als es mit seinesgleichen, den »Touristen«, teilen zu müssen.

Derweil hat der *bàcaro* überlebt, die älteste Kneipe der Stadt mußte nicht schließen, da sich inzwischen regelmäßig unter das alte Stammpublikum quietschvergnügte Nordmänner und -frauen mischen und sich an den angebotenen Köstlichkeiten kenntnisreich und neugierig laben. Andere junge Leute haben neue *bàcari* eröffnet, meist dort, wo schon ihre Großväter ihre *ombra* getrunken hatten. Venedig hat wieder ein Stückchen zu sich selbst zurückgefunden, und daran haben unsere Leser ihren Anteil.

München, im Januar 1997   *Hellmuth Zwecker*

Andar per ombre

In Venedig werden ca. 50 000 *ombre* täglich getrunken. Eine *ombra* bedeutet hierzulande ein Gläschen Wein. Eine stattliche Zahl für eine Stadt, die, nach den demographischen Veränderungen der letzten Jahre, heute nur noch 75 000 Einwohner zählt. Der *giro de ombre,* der »Ombre-Rundgang«, beginnt normalerweise um 11 Uhr vormittags, wenn so gut wie jeder erwachsene Venezianer sein erstes Gläschen schlürft, aus dem bis zum Ende des Tages leicht so um die zehn werden können.

»Buvez toujours avant la soif et jamais elle ne vous aviendra« (Trinket immer vor dem Durst, und niemals wird er euch erfassen), empfahl schon der Philosoph Pantagruel, und auch für Goethe war der Wein, nach dem Geld, das wichtigste aller Dinge. Die Venezianer leiten sogar die Bezeichnung für ihren Volksstamm Veneter über Eneter vom griechischen Wort *ènos* = »Wein« ab und erklären sich somit zum Weinvolk par excellence.

Alte Aufzeichnungen berichten von ambulanten Weinverkäufern an der Piazza San Marco. Man erzählt sich, daß diese immer dem Schatten *(ombra)* des Campanile folgten, um in der Kühle, die der Turmschatten den Weintrinkern bot, auch ihre Ware frischzuhalten. Eine weitere Etymologie des Begriffes *ombra* ist weit weniger bildhaft, aber vielleicht realer: Im Italienischen steht »*un ombra di*« einfach für eine recht kleine Menge von irgend etwas. Heute ist eine *ombra* in der Regel ein 100-ml-Glas, noch kleinere Mengen werden als *ombretta* bespöttelt.

Auf die Quantität kommt es aber nicht allzu genau an, ebensowenig wie auf die Qualität. Eine *ombra* ist ein anständiger, sauberer Wein, den man weniger wegen des raffinierten Trinkgenusses, sondern einfach in Gesellschaft trinkt, als Teil eines gemeinschaftstiftenden Rituals, eine Freundschaftserklärung und ein Akt der Solidarität, der sich mehrmals täglich und Tag für Tag wiederholt, ein demokratischer Vorgang, geboren während eines aristokratischen Regimes.

Zu Zeiten der Republik wachte die gestrenge Bürokratie der Markusrepublik eifersüchtig über ihr Weinmonopol und versuchte darüber hinaus mit allen möglichen Unterscheidungen, bestehende soziale Schranken festzuschreiben.

So gab es *magazeni* oder *bastioni,* die für das einfache Volk bestimmt waren, manchmal auch als Leihhäuser fungierten und in denen man einen lausigen, zum Teil mit Wasser verdünnten Wein, einen *vino di prima acqua,* bekam. Da man dort nur trinken, aber nicht essen durfte, waren diese Lokale meistens in der Nähe einer *furatola,* in der man zwar einfache, billige Gerichte, jedoch nichts zu trinken bekam.

Die Patrizier trafen sich in den *malvasie,* in denen man besseren Wein trank, vor allem die damals so beliebten Süßweine aus Griechenland.

Unter den Weinschenken hat im 19. Jahrhundert ein neuer Typus die führende Rolle in Venedig übernommen: der *bàcaro.* Seine Wurzeln hat der Begriff ganz sicher im Namen des Weingottes Bacchus. Natürlich existiert daneben auch eine durch und durch venezianische Namenserklärung.

Zu den alten venezianischen Besitzungen gehörten lange Zeit Istrien und Dalmatien. Von dort hatte die Republik immer ihre körperreichen roten Weine bezogen. Der 1866 vollzogene Anschluß Venedigs an das neue Königreich Italien bewirkte eine Abtrennung dieser beiden Gebiete, auf deren Weinen von nun an ein hoher Zoll lastete. Ein Händler aus dem süditalienischen Trani kam auf die Idee, an deren Stelle Weine aus seiner Heimat Apulien einzuführen.

Diese waren den istrischen und dalmatischen sehr ähnlich und jetzt sehr viel billiger. Er eröffnete eine Taverne bei Rialto, bald Treffpunkt vieler Gondolieri. Eines Abends rief einer in die Runde: *Bon, bon questo è proprio un vin ... un vin de bàcaro.* Der Ausdruck *far bàcara* meint ein Gelage feiern, un *vin de bàcaro* also ein Wein, der sich eignet zum Feiern und Lustigsein. Laut dieser Legende, die Elio Zorzi in seinem 1928 erschienenen Buch »Osterie Veneziane« wiedergibt, hätte dieser Gondoliere einen Begriff geschaffen, der jetzt zum Synonym für Weine aus Apulien und deren Schenken wurde, die man nach und nach an fast jeder Straßenecke der Stadt eröffnete.

Der *bàcaro* wurde zum beliebtesten Treffpunkt aller Venezianer. Und so wie schon früher alle Reglementierungsversuche der alten Republik, die darauf abzielten, die sozialen Schichten getrennt zu halten, von den kommunikativen Venezianern bei jeder sich bietenden Gelegenheit elegant umgangen wurden, trafen sich ab jetzt Arm und Reich in den neuen Modelokalen.

Il carattere della nazione è l'allegria, schreibt Carlo Goldoni in seinen Memoiren. Und diese im »venezianischen Nationalcharakter angelegte Fröhlichkeit« erlaubte es allen sozialen Schichten, sich zu einem »*goto de vin*«, einem Glas Wein zusammenzufinden.

Den Fremden mag es auch heute noch verwundern, wie ungezwungen in den von uns beschriebenen Lokalen Herren mit weißem Kragen und Männer mit Schwielen an den Händen, Damen in feinem Tuch und Marktfrauen sich zum täglichen Klatsch, venezianisch *ciacole,* treffen. In den *bàcari* unserer Tage wurden die apulischen Weine längst durch die moderneren ehrlichen Weine aus dem Veneto ersetzt, und nach wie vor findet man hier, neben den *cicheti,* wie kleine appetitanregende Happen in Venedig genannt werden, die besten authentischen venezianischen Gerichte.

Für einen Neuankömmling ist die Teilnahme an dem sich täglich wiederholenden Ritual des *giro de ombre* ein Königsweg, um in das Herz der Stadt vorzudringen und dazu beizutragen, daß der Verfall der venezianischen Kultur und Lebensart, der 1797 mit dem Einzug der napoleonischen Truppen in die tausend Jahre lang unabhängig gebliebene Lagunenstadt einsetzte, nicht weiter fortschreitet.

Do Mori

Für viele Venezianer ist das Do Mori das *bàcaro* schlechthin – die besten *ombre*, delikate *cicheti*, keine Tische und Stühle, zwei Schwingtüren, uralt und immer gerammelt voll. Eingeklemmt zwischen zwei engen Gassen direkt am Rialto-markt, hat es der einen sogar seinen Namen gegeben. Der Rialto ist die Wiege und der Mittelpunkt der Stadt, und Do Mori ist das Herz des Rialto. Hier trinken alle ihre Gläschen, die auf oder mit dem Markt zu tun haben, *becheri*, *frutarioli*, *pesseri*, *fachini* und *marinai*, wie Metzger, Gemüsehändler, Fisch-verkäufer, Lastenträger und Schiffsleute am Rialto gerufen werden.

Aus den Anbaugebieten an den Hängen des Flusses Piave oder aus dem Friaul kommen die beliebtesten *ombre*-Weine. Die offenen Tocai-, Cabernet- oder Merlotweine sind im allgemeinen leicht und angenehm süffig. Der rote *raboso* ist möglicherweise die einzige wirklich einheimische Traube im Veneto, deren Wein man jung wie auch im Faß gereift trinken kann und der ganz ausgezeichnet zur venezianischen Küche paßt. Im Herbst findet man in jedem *bàcaro* den noch trüben neuen Wein, den man hier *torbolino* nennt.

Die Hügelkette, die sich von Valdobbiadene bis nach Conegliano erstreckt, ist nicht nur wegen ihrer landschaftlichen Schönheit ein beliebtes Ausflugsziel der Venezianer, hier wächst auch der von ihnen so geschätzte *prosecco*. Für die Venezianer ist das perlende Getränk in erster Linie ein *aperitivo*, im Ausland entwickelt er sich immer mehr zum Champagnerkonkurrenten.

Es gibt kein *bàcaro*, in dem nicht ständig ein Prosecco frisch und sprudelnd bereitsteht. Auf der schönen Holztheke im Do Mori steht immer eine gefüllte Karaffe. Kenner bestellen am liebsten einen *cartizze,* einen Lagenprosecco, der nach einem kleinen hochwertigen Anbaugebiet in der Nähe von Valdobbiadene

Raboso

Diese ist vielleicht die einzige wirklich autochthone Traube des Veneto und verdankt wohl ihren Namen dem Flüßchen Raboso, das in den Piave mündet. Der gleichnamige Wein war im 19. Jahrhundert sogar in England sehr bekannt. Heute werden aus der Traube ausschließlich Weine lokaler Bedeutung gekeltert, wie der Raboso del Piave, ein körperreicher intensiv rubinroter Wein mit dem Duft der Marascakirschen. Der junge Wein paßt hervorragend zu fast allen venezianischen Gerichten, sogar zu Aal und Thunfisch. Reifere Rabosoweine bevorzugt man zu Wildgerichten.

Cicheti al bacalà mantecato
Weißbrotscheiben mit Stockfischmus

Zutaten für 4 Personen

600 g Stockfisch,
   36 Stunden gewässert
200 ml Sonnenblumenöl
1 Bund Petersilie
2 Zehen Knoblauch
1 Stange Staudensellerie
Salz, Pfeffer frisch gemahlen
8 kleine Scheiben Weißbrot

Den Stockfisch in fließendem Wasser wässern, bzw. Wasser mehrmals wechseln. Nach 36 Stunden öffnen und entgräten, in kleine Stücke schneiden und in einem Topf, mit kaltem Wasser gerade bedeckt, aufkochen lassen und 8–10 Minuten kochen. Wasser abgießen und den Stockfisch mit dem langsam dazugegossenen Öl kräftig mit einem Holzlöffel verrühren. Immer wieder etwas Öl dazugeben und so lange weiterrühren, bis nach etwa 30 Minuten eine weiße, cremige Masse entstanden ist. Knoblauch, Petersilie und Sellerie sehr fein hacken und mit Salz und Pfeffer unter den *bacalà mantecato* rühren. Auf die Brotscheiben streichen und als kleine Zwischenmahlzeit oder als Vorspeise servieren. Dazu paßt ganz ausgezeichnet ein Glas prickelnder Prosecco.

benannt ist. Auch ein stiller Weißwein aus Proseccotrauben ist, gut gekühlt, zu haben. Und darüber hinaus fragt man kaum nach einem guten Wein, venezianisch oder nicht, vergebens, denn Roberto Biscontin, seit 1960 Besitzer dieser uralten Weinschenke, versteht von diesem wirklich eine Menge. Diese Leidenschaft hat er vom Vater geerbt, der selbst ein angesehener Wirt war. Er hatte sich für seinen Sohn allerdings eine andere Zukunft vorgestellt und ihn Mathematiklehrer werden lassen. Als sich Roberto jedoch die Gelegenheit bot, das sicherlich älteste *bàcaro* Venedigs zu übernehmen, das schon in Dokumenten von 1462 erwähnt ist, ist er doch wieder in Vaters Fußstapfen zurückgekehrt. Heute lagern ca. 600 verschiedene Weine in seinem Keller, obwohl er zugibt, daß seine Kundschaft davon eigentlich nur hundert regelmäßig verlangt.

Prosecco

Die Lieblingstraube der Kaiserin Livia wird heute in den Hügeln zwischen Valdobbiadene und Conegliano angebaut. Aus der runden Proseccotraube werden drei Weine gekeltert: ein leicht perlender *vino frizzante*, ein schaumiger *vino spumante* und ein trockener stiller Weißwein. Typisch bei allen dreien ist der Duft nach Apfel, Mandeln und Glyzinien und der aromareiche Geschmack. Der beste Prosecco, der Superiore di Cartizze, kommt aus der Lage Cartizze bei Valdobbiadene. Der perlende Prosecco wird heute gern als Aperitif getrunken, ist aber auch als Begleiter für ganze Fischmenüs sehr geeignet.

Die charakteristischen Ballonflaschen hinter der Theke enthalten Weine aus dem Friaul, die jeden Dienstag morgen frisch geliefert werden, leicht und bekömmlich sind und perfekt zu den schmackhaften *cicheti* passen.

Die mit *bacalà mantecato*, eine wahre venezianische Delikatesse, muß man unbedingt probiert haben. Der getrocknete Stockfisch wird für 36 Stunden in Wasser eingeweicht, anschließend gekocht und dann mit einem Holzlöffel per Hand geschlagen. Hinzugefügt wird ausschließlich Öl. Der *bacalà* ist erst dann perfekt, wenn er weiß und cremig ist und mehr an Butter als an Fisch erinnert, was auch das aus dem Spanischen stammende Wort *manteca* (= Butter) besagt. Im Do Mori servieren sie noch eine pikante Version mit Sellerie, Petersilie und Knoblauch.

In einem Topf hinter der Theke kocht Roberto sein *museto,* eine Wurst aus Schweinskopf, die er in dicken dampfenden Scheiben serviert. In seiner kleinen Küche bereitet er die berühmten *castraure,* junge und zarte Artischocken von der Laguneninsel S. Erasmo.

In Venedig ißt man auch mit Vorliebe Artischockenböden, und spätestens zu Frühjahrsbeginn gibt es in der ganzen Stadt keinen Gemüsestand, an dem diese nicht angeboten würden, schon fertig ausgelöst und mit Petersilie und Zitronenscheiben im Wasser schwimmend.

Fondi de articiochi in tecia
Gedünstete Artischockenböden

Zutaten für 4 Personen

12 Böden kleiner italienischer Artischocken
60 ml Olivenöl
1 Bund Petersilie
1 Zehe Knoblauch
1 Tasse Brühe

Die Artischockenböden in Olivenöl zusammen mit der kleingehackten Petersilie und der mit dem Handballen zerdrückten Knoblauchzehe leicht anbraten, bis sie eine schöne hellbraune Farbe angenommen haben. Mit der Brühe übergießen und auf lebhaftem Feuer einkochen. Zu Fleischgerichten mit Artischocken als Beilage trinken die Venezianer gerne ein Glas Raboso.

Antico Dolo

Als sie die Tür für mehrere Monate verschlossen fanden, befürchteten die Fischhändler, Gemüseverkäufer und Ladenbesitzer vom Rialtomarkt, auch das Antico Dolo hätte das Schicksal so vieler anderer *bàcari* Venedigs ereilt – Umwandlung in ein weiteres Geschäft für Touristensouvenirs.

Der Zufall wollte es, daß eines Tages Bruno Ruffini, zu dieser Zeit Geschäftsführer einer Schiffsausstattungsfirma, hier vorbeikam und, überdrüssig der Tatsache, ständig fernab seines geliebten Venedig seinen Geschäften nachgehen zu müssen, beschloß, das Antico Dolo zu kaufen. Als er es im Juni 1989 wiedereröffnete, fanden die Leute von Rialto zu ihrer größten Freude nach wie vor die alte venezianische *osteria* vor, seit jeher fester Bestandteil des *giro de ombre,* Teil des venezianischen Lebensrituals.

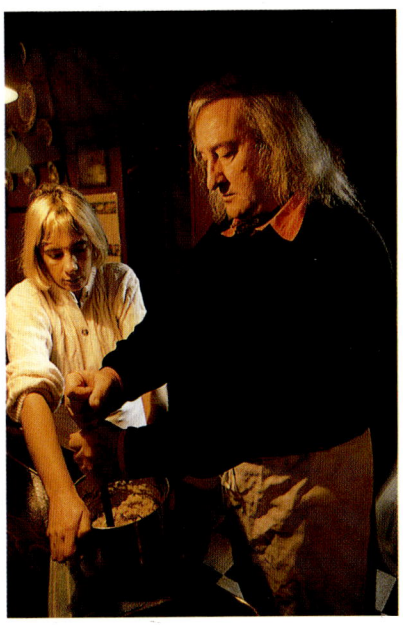

Heute ist Brunos Lokal wieder belebt von einer lustigen und lauten Stammkundschaft, die sich in dem engen Raum wie zu Hause fühlt: ein enger Eingangskorridor mit drei winzigen Tischen und ein kleiner Raum mit Theke und weiteren 16 Sitzplätzen. Die Wände sind mit Holz verkleidet, deren letzter Farbanstrich ein schönes venezianisches Rot ist. Und hinter der vollbeladenen Theke er, Bruno, nun unangefochtener Herr über Rialto, unübersehbar mit seinem verschmitzten Gesicht und seinen langen weißen Haaren. Endlich hat er eine Arbeit gefunden, die sich mit seinem Charakter zur Gänze vereinbaren läßt, geprägt von einer Kindheit, in der das Elternhaus immer voll war von Menschen, die aßen und schwatzten. Auch sein Sohn Matteo arbeitet mit, und die Ehefrau zaubert Tag für Tag in der winzigen Küche schmackhafte Gerichte.

Das sind an erster Stelle all die verschiedenen Kuttelgerichte. Fast zwangsläufig, denn das Antico Dolo war 120 Jahre lang eine reine Kuttelküche, eine *triperia.* Bruno hat die alte venezianische Tradition wieder aufgenommen, immer eine heiße *tripa rissa* zu servieren. Das ist eine typische Verarbeitung des Blättermagens, der, aufgerollt und geschnitten, an eine Rose erinnert. Er wird in einem Kräutersud gekocht und mit reichlich

Gnochi de suca
Kürbisgnocchi
Zutaten für 4 Personen

1½ **kg Kürbis**
  so gelb und süß wie möglich
Salz, Pfeffer
Muskatnuß
300 g Mehl
2 ganze Eier
Butter, Salbei

Salz bestreut auf Papier serviert. Was gibt es Besseres für den ersten kleinen Hunger am Vormittag?

Aber die »Speisekarte« des Antico Dolo ist wesentlich umfangreicher – *taiolini al nero* sind feine Bandnudeln mit tiefschwarzer Tintenfischsauce, *bigoli in salsa* dicke Vollkornspaghetti mit einer bemerkenswerten Sauce aus Sardellen und Zwiebeln, ein venezianisches Uraltrezept aus dem Mittelalter. Hausgemacht natürlich die *gnochi de patate* und das *pastisso*, Brunos Lasagne, die er mit Gemüsen der Saison füllt, Spargel, Artischocken, Rauke oder Radicchio, was immer aus den Gärten der Laguneninsel S. Erasmo auf dem Markt von Rialto frisch angeboten wird, ganz in der Tradition der einfachen venezianischen Küche, in der man heute immer noch das verwendet, was gerade billig ist – keinesfalls aber teure und geschmacksarme Preziosen zur Unzeit.

Das Fruchtfleisch des Kürbisses aus der Schale lösen, Kerne entfernen und in große Stücke schneiden. Die Stücke in einen großen tiefen Topf füllen. Wasser hinzufügen, bis die Kürbisstücke zu ca. 1/4 im Wasser liegen, salzen, pfeffern und etwas Muskatnuß darüberreiben. Im auf 180 Grad vorgeheizten Backofen mit Alufolie abgedeckt für ca. eine Stunde garen. Anschließend die Kürbisstücke durch ein Sieb passieren, mit Mehl und Ei sehr sorgfältig zu einer Masse von recht guter Konsistenz vermischen. Gesalzenes Wasser zum Kochen bringen und mit einem Teelöffel Bällchen des Kürbisteigs abstechen und in das kochende Wasser geben. Die fertig gekochten Gnocchi, sobald sie an die Wasseroberfläche kommen, mit dem Sieblöffel abschöpfen und mit zerschmolzener Butter, in der einige Salbeiblätter miterhitzt wurden, anrichten.

Tripe a'la trevisana
Kutteln auf Trevisaner Art

Zutaten für 4 Personen

600 g Kalbskutteln (geputzt und
vorgekocht)
40 g Butter
60 g Bauchspeck
1 Zwiebel
1 Zweig Rosmarin
1/2 l kräftige Fleischbrühe
200 g Parmesan (frisch gerieben)
Salz, Pfeffer

In Butter den gewürfelten Speck,
die fein gehackte Zwiebel und den
Rosmarin andünsten. Die in Streifen
geschnittenen Kutteln dazufügen
und anbraten. Salzen, pfeffern und
etwas mehr als die Hälfte der Brühe
angießen. Die Kutteln zugedeckt für
ca. 2 Stunden auf kleinster Flamme
schmoren, gelegentlich umrühren
und nach ca. 1 Stunde die restliche
Brühe angießen. Am Ende der Garzeit den Parmesankäse unterrühren
und servieren.

Im Herbst darf man deshalb unter keinen Umständen die
Kürbisgnocchi versäumen, die mit Butter und Salbeiblättern
angerichtet werden. Sie verdanken ihren unvergleichlichen Geschmack der berühmten *suca baruca,* den runden grünen Kür-
bissen aus Chioggia mit der harten warzigen Schale und dem
zuckersüßen Geschmack. Die Bewohner Chioggias sind so
stolz auf dieses Produkt ihrer salzigen Böden, daß sie es das
Kalbfleisch von Chioggia, *el vedelo de Chiosa* nennen. Einst gab
es im Herbst in ganz Venedig Straßenverkäufer, die im Backofen
gegarte Kürbisstücke anboten. Einen von ihnen, il Canocia, hat
Carlo Goldoni in seiner Komödie »Le baruffe Chiozzotte«
verewigt. Zur Erntezeit der Kürbisse ißt man in Venedig auch
herrliche *risoti de suca* und auch die *raviolo* füllt man mit Kürbis,
zwar ein Rezept aus Mantua, aber dank des »Kalbfleisches aus
Chioggia« nur hier so zungenschmeichelnd süß und zart. Nun,
bei Bruno sind vor allem die *gnochi de suca* unvergleichlich.
Deshalb für alle, die noch nie im November oder Dezember das
nebelverhangene verzauberte Venedig kennengelernt haben,
eine Geschmacksahnung davon.

Auch das klassische Rezept der *sarde in saor* mit Rosinen und
Pinienkernen wird ebenfalls noch im Antico Dolo zubereitet
und soll hier festgehalten werden. Die Zubereitungsart *in saor*
oder *in savor,* d. h. mit einer Zwiebel-Essig-Marinade, leitet sich
vom italienischen *sapore,* Geschmack, ab und erlaubte, Fisch zu
konservieren und auf langen Überfahrten die venezianischen
Schiffsbesatzungen vor dem gefürchteten Skorbut zu bewahren.
Die Venezianer bereiten traditionsgemäß viele Gerichte *in saor*
anläßlich der Notte del Redentore, des Erlöserfestes am dritten
Samstag im Juli. Alle fahren in dieser Nacht in größeren oder
kleineren Gruppen auf den verschiedensten Booten hinaus in
die Lagune und verbringen die Zeit bis zum großen mitternächt-
lichen Feuerwerk mit dem genußvollen Verzehr ihrer Tradi-
tionsgerichte.

Bruno ist auch ein Weinliebhaber, und zwischen einem Happen
und dem anderen, die er nacheinander aufträgt, erzählt er mir
die Geschichte des *clinto.* Es gibt venezianische Weine, wie eben
den *clinto* und den *fragolino,* der intensiv nach Waldbeeren
schmeckt und deshalb so genannt wird; sie wurden per Gesetz
1965 verboten, weil sie nicht den Mindestalkoholgehalt von 11,5
Grad erreichen. Die Weinstöcke für diese Weine wurden, als zu
Beginn dieses Jahrhunderts auch im Veneto die große Reb-
krankheit alle einheimischen Pflanzen bedrohte, aus Amerika
importiert. Diese Wildreben waren resistent, und man konnte
sie mit den einheimischen Traubensorten veredeln. Die Reb-
stöcke kamen in Holzkisten aus Amerika, auf denen der Name
des Exporteurs Clinton angegeben war. Für die venezianischen
Weinbauern war deshalb der Name für den neuen Wein, den sie
aus den Trauben der unveredelten Reben kelterten, schnell

Sarde in saor
Eingelegte Sardinen

Zutaten für 6 Personen

1 kg frische Sardinen
    4 Fische pro Person
200 g Mehl
½ l Sonnenblumenöl
6 EL Olivenöl
10 cl trockener Weißwein
5 cl Weißweinessig
1½ kg weiße Zwiebeln
1 Handvoll Rosinen
1 Handvoll Pinienkerne
Salz und Pfeffer

Die frischen Sardinen waschen, den
Kopf, die Innereien und die Gräten
entfernen, im Mehl wenden und im
heißen Sonnenblumenöl kurz frittieren. Die Fische herausnehmen
und auf Küchenpapier abtrocknen.
Zwiebel in feine Ringe schneiden.
Das Olivenöl in einen weiteren
Topf schütten, erhitzen und darin
die Zwiebelringe kurz frittieren, bis
sie leicht angebräunt sind. Nun den
Wein hinzugießen und verdunsten
lassen. Dann den Essig, die Rosinen
und die Pinienkerne dazugeben und
alles noch einige Minuten köcheln
lassen. Die Sardinen in ein Gefäß
geben, mit dem gesamten Inhalt
des Zwiebeltopfes bedecken, und
bei Zimmertemperatur mindestens
24 Stunden ziehen lassen.

gefunden – *clinto.* Der Clinto hat eine intensive rot-violette
Farbe von solcher Färbekraft, daß sie sogar deutliche Ränder im
Glas hinterläßt. Auch wenn der Anbau der Reben heute verboten ist, erweist sich die Tradition immer noch als stärker, und es
gibt kaum ein *bàcaro,* wo man nicht unter Augenzwinkern sein
Gläschen *clinto* oder *fragolino* bekommt. Und ganz hat man den
Kampf um die Wiedergenehmigung dieses Traditionsproduktes
auch noch nicht aufgegeben. Von der Weinmesse 1992 ging eine
Kiste des leicht alkoholischen Traubensaftes an den neu gewähl-
ten amerikanischen Präsidenten Clinton mit der Bitte, sich doch
für seinen verschmähten Namensvetter zu verwenden und zumindest seinen Export nach Amerika zu genehmigen.

Vivaldi

Der Campo San Polo, einer der ältesten und größten der Stadt, im Zentrum des kleinen aber dicht bevölkerten gleichnamigen Viertels, war schon in alten Zeiten häufig Schauplatz diverser Festlichkeiten und Märkte. Selbst Bankette und die beliebte Stierhatz wurden hier abgehalten. Mit Hilfe von abgerichteten Hunden kämpften die Metzgergesellen der Stadt gegen Stiere. Hatten sie die Tiere gestellt, mußten sie ihnen möglichst mit einem Streich die Köpfe abschlagen. Heute ist der Campo San Polo als eines der Zentren des venezianischen Karnevals wesentlich sympathischer belebt. Alle zwei Jahre im Spätsommer werden auf dem Platz die Filme der Biennale auf eine riesige Leinwand im Freien projiziert.

Wenn man vom Campo San Polo dem Menschenstrom in Richtung Rialto folgt, entdeckt man bald die einladende Osteria Enoteca Vivaldi. Gibt es überhaupt einen geeigneteren Namen, um an die Gelüste und die Harmonien des venezianischen Settecento zu erinnern? Vivaldi, der »prete rosso«, wegen seiner roten Haarpracht so genannt, war Chormeister der Chiesa della Pietà, die Kirche und Konzertsaal zugleich war. Zusammen mit dem benachbarten Waisenhaus entwickelte sie sich zu einer Art Konservatorium Venedigs. Zweimal die Woche wurden Konzerte gegeben. Die Musiker waren fast ausschließlich junge Mädchen, die eine Gesangausbildung hatten und mehrere Instrumente spielten. Man konnte sie während der Aufführungen nie sehen, denn sie waren hinter Gittern versteckt. Vivaldi dirigierte sie. Er war aber auch selbst ein großer Geigenvirtuose, gab viele Solovorstellungen und komponierte mehr als 200 Violinkonzerte.

Ob er in die Tafelgenüsse so vernarrt war wie in seine Musik, ist leider nicht überliefert. Aber in seiner Stadt, die ihren längst begonnenen wirtschaftlichen Verfall nicht wahrhaben wollte, gehörte das Essen auch in diesen Zeiten immer noch zu den Lieblingsbeschäftigungen. Die Patrizier scheuten keine Kosten, um täglich nur das Beste auf den Tisch zu bekommen. Es war damals Mode, einen französischen Koch zu haben, auch wenn viel über die »cuochi francesi« gelästert wurde. Vor allem hat sich der bissige Komödienschreiber Carlo Goldoni in seinen Stücken über sie lustig gemacht.

Garganega

In einem landwirtschaftlichen Traktat aus dem 12. Jahrhundert finden wir schon die weiße Garganegatraube bezeugt. Heute ist sie zu 70–90 % im Soave classico enthalten, neben der Trebbianotraube. Auch in dem benachbarten Gebiet von Gambellara wird aus ihr ein nach Blüten duftener Weißwein gewonnen, mit leichten Bittertönen und guter Säure im Geschmack. Soave und Gambellara werden auch in der süßen Version Recioto ausgebaut, Dessertweine mit fruchtigem Geschmack.

Wenn heute ein Venezianer zu Vivaldi geht, muß er keine Angst haben, mit fremd anmutenden Gerichten überrascht zu werden. Das war allerdings bis vor einigen Jahren noch der Fall, als jemand an dieser Stelle mit einem schicken und teuren Restaurant seinen Lebensunterhalt verdienen wollte. Das Etablissement mußte wegen Mangel an Kundschaft bald schließen, und so wurde der Platz wieder frei für einen *bàcaro* der alten Art, dem man sein junges Leben nicht ansieht. Der *banco*, wie man den beliebten Tresen nennt, die alten Holztische, der Fußboden, alles ist überzeugend in der traditionellen Art wiederhergestellt. Guido und Luca, die zwei jungen Besitzer, ehemals Hotelportier der erste und Bootsexperte der zweite, führen heute mit Talent und Leidenschaft die Regie, und Rudi in der

Tagliolini alla Vivaldi
Tintenfisch-Tagliolini

Zutaten für 4 Personen

150 g Tintenfische
100 g Scampi
3 reife Tomaten
3 EL Olivenöl
Petersilie
1 cl Vecchia Romagna bzw.
Weinbrand
300 g schwarze Tagliolini

Tintenfische und ausgelöste Scampi in kleine Stücke schneiden. Tomaten kurz in kochendes Wasser eintauchen, dann schälen und in Stücke geschnitten in eine Pfanne mit heißem Öl geben. Etwa 10 Minuten köcheln lassen, salzen, dann Tintenfische und Scampi dazugeben und weitere 10–15 Minuten köcheln. Nachsalzen, wenn nötig, und pfeffern. Weinbrand angießen und verdunsten lassen. Die geschnittene Petersilie dazustreuen. Die inzwischen al dente gekochten Tagliolini in die Pfanne geben und mit der Soße wenden.

Küche zaubert eine große Auswahl an Gerichten. Besonders gelungen sind seine *primi piatti*, wie Fisch- und Gemüserisotti oder die hervorragenden *tagliolini alla Vivaldi*, mit Scampi, Tintenfischstücken und frischen Tomaten.

Natürlich kann man auch an der Theke nur ein paar *cicheti* im Stehen zu sich nehmen und ein Glas der guten traditionellen Weine des Veneto trinken. Aber die Gemütlichkeit der beiden kleinen Räume lädt ein, Platz zu nehmen, wofür die in Venedig ständig überstrapazierten Beine immer dankbar sind. Wenn man sich jetzt wie ein alter venezianischer Patrizier fühlen will, dann bestelle man *ganasete de coda de rospo*. Wenn man weiß, daß es sich dabei um die Bäckchen von Anglerfischen, auch als Lotte bekannt, handelt, die Luca und Guido von ihrem *pesci-*

Incrocio Manzoni

Prof. Manzoni aus Conegliano
kreuzte erst 1930 diese Traube aus
Prosecco und Cabernet Sauvignon.
Der aus ihr gekelterte hellrote Tafel-
wein mit leichter Gerbsäure ist
frisch und angenehm zu trinken.

vendolo am Rialto auslösen und ansammeln lassen und mit Tomaten, Zwiebeln und Petersilie köstlich zubereiten, dann versteht man, warum dieses Gericht nur noch höchst selten auf
einer Speisekarte zu finden ist.

Verduzzo

Man unterscheidet zwischen dem
Verduzzo friulano, aus der Gegend
um Udine, oft auch Verdiso oder
Ramandolo genannt, und dem Verduzzo trevigiano, vermutlich aus
Sardinien eingeführt und in der ganzen Provinz Treviso beheimatet.
Besonders beliebt ist der friulani-
sche Dessertwein Verduzzo.

Al Portego

In S. Lio 6015 war schon immer eine Weinschenke, bis jemand auf die bierernste Idee kam, daraus ein Pub zu machen. Das Experiment ging schief, zurück blieb der ruinierte Ruf des Lokals. Dann kam Alberto Ferrari, der die ganze Kraft und den ungebrochenen Optimismus der Jugend benötigte, um auf diesem Hintergrund das alte *bàcaro* wieder zu beleben. Er hat es geschafft, mit 14 Stunden Arbeit pro Tag, der Hilfe seiner Freundin und seiner Schwägerin und dem Verzicht auf die Vergnügungen seiner Altersgenossen. Der Erfolg war so groß, daß Alberto bald in ein größeres Lokal umziehen mußte, um den Wünschen seiner ständig wachsenden Kundschaft gerecht zu werden.

Der neue Besitzer Luigino Lubrano hat langjährige Erfahrung in der Gastronomie und führt die erfolgreiche Politik von Alberto mit Bravour weiter. Das schöne Lokal füllt sich nach wie vor jeden Tag mit fröhlichen Venezianern, die an der Theke ihre *ombra*, ihr traditionelles Gläschen Wein trinken und dazu warme gekochte Tintenfische, frittierte Fleischbällchen, Milz oder *nerveti* essen, das sind gekochte Kalbsknorpel, die anschließend gewürzt und gesäuert werden, eine weitere venezianische Spezialität, die immer mehr verschwindet. Ab 13 Uhr gibt es auch beste Pastagerichte, obwohl es unverständlich ist, wie sie in der winzigen Küche gezaubert werden können. Auch die Risottogerichte sind außergewöhnlich gut. Im Frühjahr, wenn aus den Gärten von S. Erasmo die frischen süßen Erbsen auf den Markt kommen, wird bei aller Enge ein großes *risi e bisi* zubereitet, so etwas wie das Nationalgericht der Venezianer.

Schon zu Zeiten der Republik gehörte es zu jedem offiziellen Staatsbankett, vor allem anläßlich des Festes zu Ehren des Stadtpatrons San Marco am 25. April. Es existieren auch diverse Berichte, in denen venezianische Patrizier ihr völliges Unverständnis darüber äußern, daß sie ihre *risi e bisi* nicht einmal in Paris gefunden haben. Die Venezianer lieben ihre *risoti*, die feucht und cremig, *all'onda*, wie sie sagen, zubereitet sein müssen. Gekocht werden diese *risoti* mit allerlei Gemüsen entspre-

Folpeti
Gekochte kleine Polypen
Zutaten für 4 Personen

**1 kg Folpeti
(ca. 12 Stück)
1 EL Olivenöl
1½ Zitronen
2 Lorbeerblätter
1 Bund Petersilie
Salz, 1 Peperoncino**

Folpeti auf dem Markt ausnehmen lassen. Salzwasser mit Lorbeerblättern, einer halben Zitrone und Peperoncino zum Kochen bringen. Alberto taucht die *folpeti* einige Male ins heiße Wasser, damit sich die Tentakel schön rollen. Dann legt er die *folpeti* ganz ins Wasser und kocht sie ¼ Stunde.
Anschließend aus dem Wasser nehmen und etwas abkühlen lassen. Zitronensaft, Olivenöl und gehackte Petersilie vermischen, salzen, über die *folpeti* gießen und lauwarm servieren.

Risi e bisi
Erbsenrisotto

Zutaten für 4 Personen

300 g frische Erbsen ohne Hülse
(klein und süß)
250 g Reis (Vialone nano)
60 g Butter
50 g geräucherter Bauchspeck
1 Zwiebel
1 Bund Petersilie
frisch geriebener Parmesan
1 l Brühe

Die kleingehackte Zwiebel in der
Hälfte der Butter glasig dünsten und
anschließend den in feine Würfel geschnittenen Speck dazugeben. Nach
einigen Minuten Erbsen und einen
Schöpfer kochende Brühe dazufügen und zugedeckt ca. 5 Minuten
kochen lassen.

Den Reis einfüllen und mit einem
hölzernen Kochlöffel gut rühren.
Unter ständigem Rühren und – nach
Bedarf – Zugabe von heißer Brühe
den Reis gar kochen. Das Risotto
muß *a l'onda*, d. h. cremig sein und
das Reiskorn noch einen Biß haben.
Einige Minuten vor Ende der Kochzeit kleingehackte Petersilie ein-
streuen. Den Topf vom Feuer nehmen und restliche Butter und Parmesan unterrühren.

Bei der verwendeten Brühe kann es
sich um Fleischbrühe handeln oder
um die traditionelle Erbsenbrühe,
die man aus den Erbsenschoten gemacht hat, die für ca. 1 Stunde in
Salzwasser gekocht und anschließend durchpassiert wurden.

chend der Jahreszeit, Spargeln etwa, Artischocken oder Kürbis.
Andere werden mit Fisch oder mit Hühnerleber zubereitet,
oder mit *luganega*, der venezianischen Wurst, die man sonst
überall in Italien *salsiccia* nennt.

Im Al Portego lohnen auch die typischen Hartgebäcksorten,
die zum Nachtisch serviert werden mit einem Gläschen süßen
vino passito oder mit dem typischen *vino fragolino*. Das Gebäck
hat alte Namen und alte Tradition: die *baicoli*, die im 18. Jahrhundert von einem Konditor erfunden wurden und wie Fische
geformt sind, die *bussolai*, ringförmig und ursprünglich aus
Chioggia und die beliebten *zaleti*, »die Gelben« im venezianischen Dialekt, aus Maismehl.

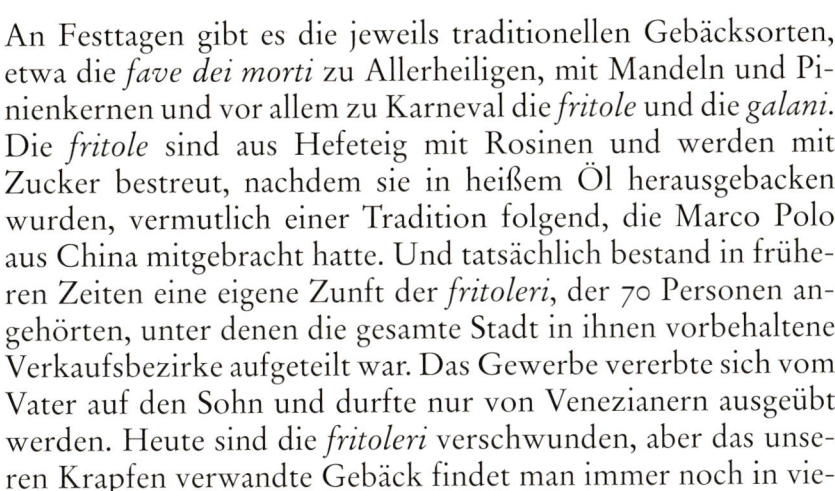

Fritole
**Venezianische
Faschingskrapfen**

Zutaten für 4 Personen

400 g Mehl
300 ml Milch
1 Ei
100 g Rosinen
60 g Zucker
30 g Hefe
2 cl Grappa
1 Zitrone
Zimt
Salz
Frittieröl

Mehl, Ei, Milch, Zucker, eine Prise
Salz und etwas Zimt zusammen mit
der geriebenen Schale der Zitrone
gut vermischen. Rosinen in dem
Grappa einweichen und Hefe in etwas lauwarmem Wasser auflösen.
Beides zum Teig hinzufügen und
gut verrühren. Teig abdecken und
3 Stunden gehen lassen. Seine Konsistenz soll danach immer noch
dickflüssig sein; wenn sie es nicht
ist, etwas mit Wasser verdünnen. Öl
erhitzen und Teig mit einem Eßlöf-
fel hineingeben. Die dabei entste-
henden Teigbällchen auf beiden Seiten knusprig braun werden lassen.
Krapfen abschöpfen, auf Küchenpapier trocknen und in Zucker wenden.

An Festtagen gibt es die jeweils traditionellen Gebäcksorten,
etwa die *fave dei morti* zu Allerheiligen, mit Mandeln und Pinienkernen und vor allem zu Karneval die *fritole* und die *galani*.
Die *fritole* sind aus Hefeteig mit Rosinen und werden mit
Zucker bestreut, nachdem sie in heißem Öl herausgebacken
wurden, vermutlich einer Tradition folgend, die Marco Polo
aus China mitgebracht hatte. Und tatsächlich bestand in früheren Zeiten eine eigene Zunft der *fritoleri*, der 70 Personen an-
gehörten, unter denen die gesamte Stadt in ihnen vorbehaltene
Verkaufsbezirke aufgeteilt war. Das Gewerbe vererbte sich vom
Vater auf den Sohn und durfte nur von Venezianern ausgeübt
werden. Heute sind die *fritoleri* verschwunden, aber das unseren Krapfen verwandte Gebäck findet man immer noch in vie-

Crema frita
Frittierte Creme

Zutaten für 4 Personen

200 g Mehl
150 g Zucker
1 l Milch
4 Eier
geriebene Schale einer Zitrone
Semmelbrösel zum Panieren
Frittieröl
1 Päckchen Vanillezucker

Das Mehl in eine Rührschüssel geben, in die Mitte 4 Eier schlagen, geriebene Zitronenschale dazugeben und unter langsamer Zugabe von Milch und Zucker glattrühren. In einen Topf umfüllen und unter gleichmäßigem langsamen Rühren auf mittlerer Hitze zum Kochen bringen.

Den Topf sofort nach Erreichen des Siedepunktes vom Feuer nehmen. Eine Backmulde mit Wasser anfeuchten und die Creme hineingießen. Abkühlen lassen. Die erkaltete Creme in Quadrate schneiden, das Frittieröl erhitzen, die Cremestücke in Semmelbrösel wenden, goldgelb frittieren und heiß servieren.

len *bàcari* und venezianischen Bäckereien zusammen mit den *galani*, einem süßen Schmalzgebäck.

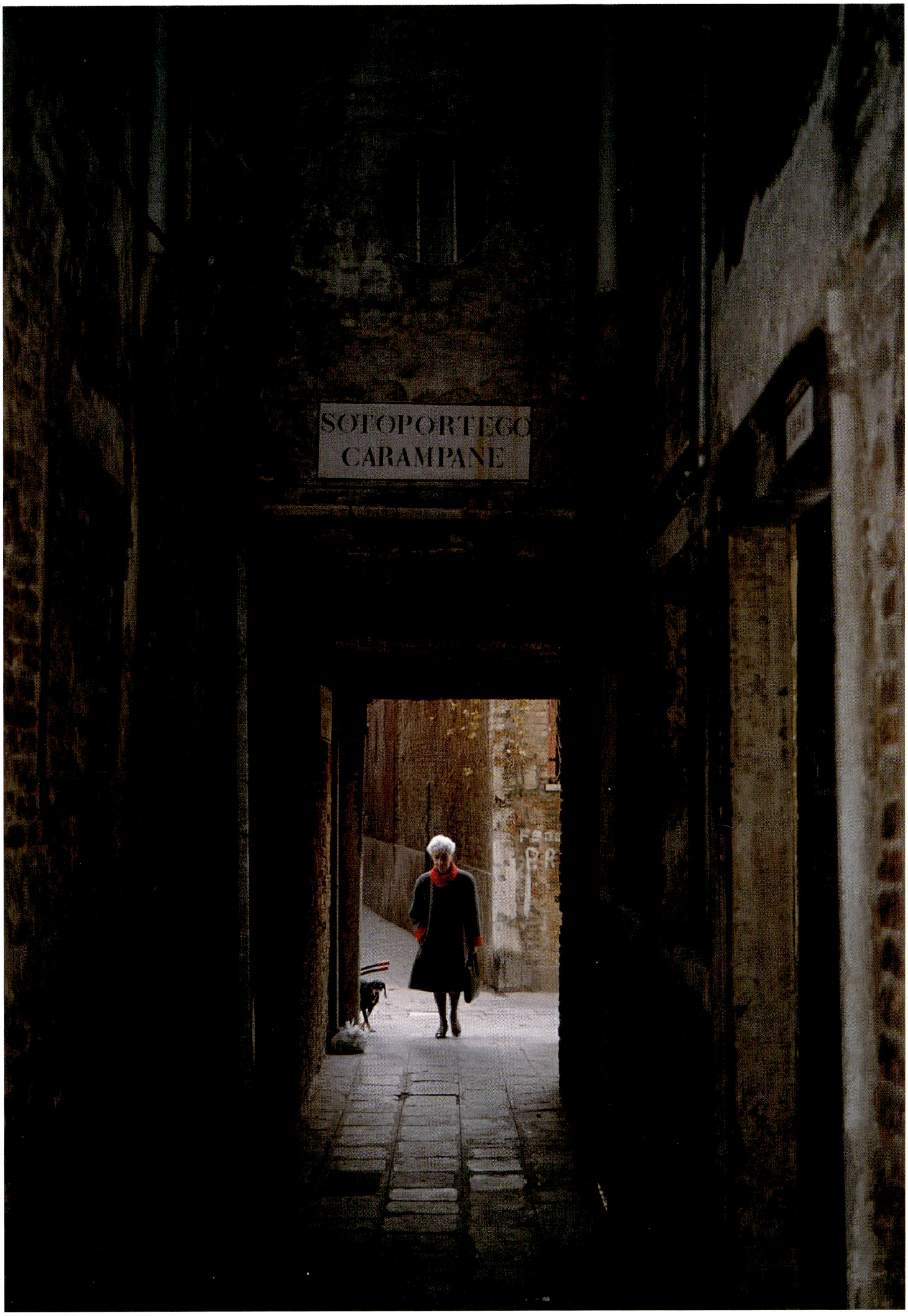
SOTOPORTEGO
CARAMPANE

Al Mascaron

Als Momi und Gigi gegen Ende der siebziger Jahre dieses Lokal übernahmen, war der uralte *bàcaro* schon seit vielen Jahren zur banalen *trattoria* umgewandelt worden. Die beiden gingen daran, all die geschmacklosen neuen Einbauten wieder herauszureißen, und machten sich auf die Suche nach einer alten Holztheke. Diese ließ sich finden, die schönen Fenster aber mußten sie von einem alten venezianischen Handwerker nach traditionellen Vorbildern neu anfertigen lassen. Resultat ihrer Bemühungen ist die Renaissance einer der originalsten und originellsten venezianischen Weinschenken.

»Was willst du, hätten wir vielleicht eine Snack-Bar eröffnen sollen?« grinst Gigi, einer der jungen Venezianer, die verstanden haben, daß es heute wesentlich progressiver ist, das Alte wiederzubeleben, als es durch Allerweltneuerungen zu ersetzen. »Es genügt, die Dinge gut zu machen und ein bißchen verrückt zu sein«, lautet das Bekenntnis von Momi und Gigi, die eine einzigartige Atmosphäre schaffen, in der sich sowohl die alten Venezianer wie auch ein junges internationales Publikum wohlfühlen. Alle lassen sich aus großen Ballonflaschen junge toskanische, umbrische und natürlich venezianische Weine in Krüge zapfen und swingen zur mit viel Liebe ausgewählten modernen Musik, die sich so problemlos zu dem unkomplizierten Ambiente fügt.

Die Gäste scheuen sich auch nicht, auf den Papierunterlagen, die auf den Holztischen liegen, passende Kunstwerke herzustellen. Die besten Zeugnisse weininspirierter Kreativität hängen an der Wand hinter Glas.

Der Name des Lokals leitet sich von einer grotesken Steinfratze ab, die an der Basis des Turmes der nahen Kirche Santa Maria Formosa eingemauert ist. Aber vielleicht spielt auch das Wiederaufleben des für fast 200 Jahre verbotenen venezianischen Karnevals in den Jahren der Lokaleröffnung mit hinein. »Zu Beginn war es eine spontane Sache, geboren aus einer nie verlorengegangen Freude der Venezianer an Verkleidung und Rollenspiel. Und alle machten mit. Es gab kaum ein Geschäft, kein Zeitungsstand oder Restaurant, in dem nicht alle, zum eigenen Gaudium, maskiert aufgetreten wären. Aber dann wurde alles zum puren Kommerz. Heute verkleiden sich die Venezianer nicht mehr, und ihre Feste miteinander feiern sie bei anderer Gelegenheit, bei der Festa della Salute etwa oder bei der Notte del Redentore.«

Anläßlich dieser Feiertage bereiten Momi und Gigi die jeweils traditionellen Gerichte, etwa am 21. November zum Salute-Fest. Von dem Platz neben dem Luxushotel Gritti zur Kirche Santa Maria della Salute wird eine hölzerne Prozessionsbrücke über den Canal Grande geschlagen, und um die Kirche herum findet ein bunter Markt statt. Das dazugehörige Traditionsgericht ist die *castradina coe verze sofegae*, ein altes Gericht aus dem Balkan. Scheinbar waren es die antiken Albaner, die als erste das Hammelfleisch räucherten, und seit 1631 ist die Tradition dokumentiert, daß diese Köstlichkeit anläßlich des Marienfestes nach Venedig gebracht wurde. Die Tradition, die zwar durch die Abtrennung der levantinischen Gebiete nach dem Ersten Weltkrieg gestört, aber nicht gebrochen wurde, will, daß zur *castradina* die *verze sofegae*, Wirsingkraut mit Butter und Speck, gereicht werden.

Die *bigoli in salsa* gehören zu den Weihnachtsfeiertagen, zu Aschermittwoch und zu Karfreitag. Es handelt sich um dicke Vollkornspaghetti, mit einer Sauce aus Sardellen und Zwiebeln. Aber ebenso wie zu den genannten Feiertagen gehört dieses Gericht heute zu den Aushängeschildern jedes echten venezianischen Gasthauses, in dem man noch traditionell zu kochen versteht.

Viele Habitués kommen auch wegen der immer tagesfrischen köstlichen Meeresfrüchte ins Mascaron. Die Tagesfrische ist schon deshalb eine Selbstverständlichkeit, weil jeder Venezianer die alte Volksweisheit kennt, wonach frische Muscheln 24 wertvolle Bestandteile haben, von denen einer pro Stunde verloren geht. Besonders köstlich werden im Mascaron die *cape longhe* zubereitet, zu deutsch »Messerscheiden«. Diese längliche schmale Muschel steckt im Schlick der Lagune und wird bei Ebbe vorzugsweise in der Umgebung der Insel Burano einzeln mit der Hand gefangen. Blitzschnell muß man dabei mit dem Finger unter die Schale in den Schlick tauchen, bevor die

Castradina
Geräuchertes Hammelfleisch

Zutaten für 4 Personen

800 g geräuchertes Hammelfleisch
1 Zwiebel
1 Stange Bleichsellerie
1 Karotte
Pfefferkörner
Salz

Fleisch in mittelgroße Stücke schneiden. In einem Topf mit reichlich kaltem Wasser das Gemüse, den Pfeffer und das Fleisch zum Kochen bringen und kräftig aufkochen. Brühe wegschütten und Fleisch noch einmal in kaltem Salzwasser aufsetzen und kochen. Die Garzeit variiert je nach Fleischqualität. Das dalmatinische Fleisch, das man traditionsgemäß in Venedig dafür verwendete, benötigte bis zu 7 Stunden Garzeit; heutiges Hammelfleisch ist nach 3–4 Stunden weich. Momi und Gigi servieren die *castradina* in der Brühe oder mit *verze sofegae*.

Verze sofegae
Geschmorter Wirsing

Zutaten für 4 Personen

1 kg Wirsing
2 EL Olivenöl
1 Knoblauchzehe
1 Zwiebel
1 Zweig Rosmarin
Salz, Pfeffer

Rosmarinnadeln abstreifen und mit Knoblauchzehe und Zwiebel feinhacken. In Öl andünsten. Wirsing schneiden und dazugeben, salzen, pfeffern. Auf kleinem Feuer ca. 1½ Stunden mit geschlossenem Deckel dünsten. Danach nochmal ½ Stunde ohne Deckel weiterkochen.

Bigoli in salsa
Vollkornspaghetti
mit Zwiebelsauce

Zutaten für 4 Personen

2 große weiße Zwiebeln
4 EL Olivenöl
400 g dicke Vollkornspaghetti
80 g eingelegte Sardellenfilets
Salz, Pfeffer
gehackte Petersilie

Die fein gehackten Zwiebeln in Öl
leicht anbräunen, die in Stücke geschnittenen Sardellenfilets hinzufügen und einige Minuten auf kleiner
Flamme köcheln lassen. In der Zwischenzeit die Spaghetti *al dente* kochen, abgießen und in der Pfanne
zusammen mit den Zwiebeln und
den Sardellen wenden. Pfeffern, mit
Petersilie überstreuen und servieren.

Cape longhe
Messerscheiden

Zutaten für 4 Personen

800 g cape longhe (Muscheln)
2 EL Olivenöl
Saft einer halben Zitrone
Petersilie
Pfeffer aus der Mühle

Aus den *cape longhe* unter fließendem Wasser sorgfältig allen Sand
herausspülen. Im Öl die gehackte
Petersilie mit dem Zitronensaft und
etwas Pfeffer vermischen. Im vorgeheizten Ofen die Muscheln auf das
Backblech legen und sich öffnen lassen. Die geöffneten Muscheln mit
dem Petersilienöl übergießen und
servieren.

Muschel, von der nur die herausgestreckten Weichteile zu sehen
sind, unauffindbar verschwunden ist. Sehr begehrt sind auch die
cape sante, die Jakobsmuscheln, und die seltenen *dateri de mare*,
die Meeresdatteln von der felsigen östlichen Adriaküste. Auch
Schalentiere spielen ein große Rolle in der venezianischen
Küche. Wer sich im Frühjahr oder im Herbst in Venedig aufhält,
muß unter allen Umständen *moleche* probieren, Taschenkrebse,
die in dem Augenblick gefischt werden, in dem sie ihre Panzer
wechseln, also weich, *molle,* sind. Sie werden dann nur leicht mit
Mehl bestäubt und im Öl schwimmend herausgebacken, heiß
serviert und mit Haut und Haaren zur Gänze gegessen – ein
unvergeßlicher Geschmack. Und nicht zu vergessen die *granseola,* die Meeresspinne. Ihr delikates Fleisch wird in ihrem
großen roten stacheligen Panzer serviert und mit etwas Olivenöl

Spagheti coe canocie
Spaghetti
mit Heuschreckenkrebsen

Zutaten für 4 Personen

320 g Spaghetti
500 g ganz frische canocie (Heu-
schreckenkrebse)
1 Zehe Knoblauch
4 geschälte Tomaten
8 Basilikumblätter
2 EL Olivenöl
1 Peperoncino (Chilipfeffer
1 Schote)
1 halbe Zitrone
einige Pfefferkörner
1 EL grobes Meersalz

Die *canocie* in einen Topf geben
und mit leicht gesalzenem Wasser
bedecken. Zitrone und Pfefferkörner hinzufügen und auf großer
Flamme zum Kochen bringen. Ca.
3 Minuten kochen lassen. Topf vom
Feuer nehmen und abkühlen lassen.
Nach ca. 30 Minuten die *canocie* aus
dem Topf nehmen, Köpfe entfernen, Panzer vom Schwanz her mit
einer Schere zweiteilen und das
Fleisch auslösen. Kopf und Panzer
in das Wasser zurückgeben und
wieder aufkochen. In einer Pfanne
Öl erhitzen und Knoblauchzehe
leicht anbraten. Kleingeschnittene
Tomaten dazugeben und auf kleiner
Flamme köcheln lassen. In der Zwischenzeit das Kochwasser der *canocie* absieben, mit frischem Wasser
verlängern, grobes Meersalz dazugeben und Spaghetti darin *al dente*
kochen.

Fleisch der *canocie* in die Pfanne
geben und mit der Tomatensauce
gut vermischen. Basilikumblätter
mit den Fingern zerpflücken und
darüber streuen. Spaghetti abgießen
und in der Pfanne in der Sauce wenden. Servieren.

beträufelt. Dem General Radetzki schmeckte das häßliche
Meeresgetier so gut, daß er eigens ein neues Rezept erfand – und
ließ sich die *granseola* in einer eigenartigen Vermischung von
Wiener und venezianischer Küche, mit Sahne, Ei und geriebenem Parmesankäse anrichten.

Wann immer sie angeboten werden, sind auch die *spagheti coe
canocie* ein echter Tip, ganz besonders natürlich in den fischrei-
chen Wintermonaten. »De Santa Caterina, na canocia val na
galina« sagt ein venezianisches Sprichwort, was so viel besagt,
wie daß zu Santa Caterina am 25. November eine *canocia*, zu
deutsch Meeresheuschrecke, soviel wert ist wie ein Huhn. Ihre
Schale ist dann gut gefüllt mit festem weißem Fleisch und mit
viel rotem Rogen. Die Meeresheuschrecken sind die populär-
sten Schalentiere in Venedig. Sie sind relativ preisgünstig und
der Geschmack ihres delikaten Fleisches vergleichbar mit dem
des Hummers. In Stücke geschnitten und in Olivenöl mit
Tomaten und Basilikum gekocht ergeben sie eine außergewöhn-
liche Nudelsauce.

Al Volto

Wenn man sich abends auf dem Weg von Accademia nach Rialto in einer der unzähligen dunklen Seitengassen verirrt, dann aber plötzlich zwischen Campo Manin und dem Canal Grande auf eine Gruppe junger Leute stößt, die mit einem Glas Wein in der Hand mitten in der Gasse vor einem beleuchteten Fenster stehen, dann kann man sicher sein, die Enoteca al Volto gefunden zu haben. Wer sich, nicht ohne einige Mühe, in das Lokal vorgekämpft hat, findet sich an der Theke des kleinen *bàcaro* wieder. Über einem die Decke, voll geklebt mit einer Unzahl von Weinetiketten, um einen herum und an einigen Holztischen die ganze Jugend Venedigs, wie es rein zahlenmäßig scheint. Alle lassen sich von den beiden sympathischen Wirten Andrea und Sebastiano ihre Gläser mit einfachen oder raffinierten, aber immer exzellenten Weinen füllen, eine Arbeit, der sie mit Laune und Bravour nachgehen. Hier einzukehren bedeutet weit mehr, als seine allabendliche *ombra* zu trinken. Wir befinden uns in einer der bestsortierten Önotheken Italiens mit einem Lager von mehr als 1 300 verschiedenen Weinen. Darunter findet man selbstverständlich alle großen Gewächse Italiens, eine sehr respektable Sammlung französischer Etiketten und Zukunftsweine und Kurioses aus aller Welt.

Es ist lange her, daß Gigi Carbon 1936 an dieser Stelle seine Osteria eröffnet hatte, in der er »vin nostrano« und »vin foresto«, einheimischen und Fremdwein serviert hat, womit Weine aus dem nahen Friaul gemeint waren. Der Sohn Giancarlo Carbon hat die Osteria dann ab den fünfziger Jahren in die heutige Önothek umgewandelt, die damals an zweiter Stelle, gleich hinter der berühmten Enoteca Italica Permanente in Siena, rangierte. Mit großer Freude und Hingabe hatte er sich in Italien und auf der ganzen Welt auf die Suche nach den wertvollsten Weinen gemacht, und in den siebziger Jahren wurden dann schließlich auch die Fachjournalisten auf ihn aufmerksam. Italiens Weinpapst Luigi Veronelli schrieb über ihn ebenso wie die New York Times und das renommierte Fachblatt The Wine Spectator. In dem französischen Führer Flammarion Delta hört

Merlot

Die Traube kommt aus dem Bordeaux, wo sie noch stärker vertreten ist als die Cabernettraube. Sie war die erste französische Rebe, die man in vielen Teilen Italiens nach der großen Weinkrankheit angepflanzt hatte, insbesondere im Veneto, in Friaul und im Trentino. Sie paßt sich vielen verschiedenen Bodensorten an und ist sehr ergiebig. Die Traube ergibt einen intensiv roten Wein mit vollem Duft und robuster Struktur, der aber schon als junger Wein weich und samtig und damit gut zu trinken ist. Meist wird er von Genossenschaften produziert und in großen Ballonflaschen offen verkauft. Die in ihm steckenden Möglichkeiten werden immer besser ausgeschöpft, und interessante und zukunftsweisende Ergebnisse machen von sich reden. Erzeuger, die auf hochstehende Weinqualitäten abzielen, vinifizieren ihn entweder pur oder zusammen mit seinem klassischen Partner, dem Cabernet.

es sich dann so an: »Das ist der größte Weinkeller Italiens und einer der erlesensten der ganzen Welt.« Vor einigen Jahren hat sich Giancarlo Carbon in das nahe Spinea zurückgezogen, und nun führen Andrea Benetazzo und Sebastiano Mugnaini das Lokal. Andrea war jahrelang Barmann im berühmten Cafè Florian und im Nobelhotel Bauer-Grünwald, Sebastiano hat sich um »food and beverage« des Hotel Cipriani auf der Giudecca gekümmert. Nach der Hochzeit mit einer Diplomatin und einem längeren Aufenthalt in Brasilien, wo er ein eigenes Restaurant führte, hat ihn die Sehnsucht nach Venedig gepackt, und er ist in seine Heimatstadt zurückgekehrt. Hier wollte er den letzten Traum seines alten »maestro« Giuseppe Cipriani verwirklichen, der gerne selbst ein *bàcaro* eröffnet hätte, wozu es leider nicht mehr kam.

Malvasia

Der Name kommt wohl von der Hafenstadt Monenvasia an der kleinasiatischen Küste des antiken Griechenland. Von hier aus breitete der dort angebaute Wein sich im ganzen Mittelmeerbecken aus. Damit entstand eine große Vielfalt von Weinen, die diesen Namen trugen und heute noch tragen. In Friaul versteht man unter Malvasia einen alkoholreichen, vollen Weißwein mit leichten Aromen und feinem Geschmack.

Bei Andrea und Sebastiano findet man die köstlichen Appetithappen, die traditionellen *cicheti,* und einige wenige Gerichte. Das typische Publikum des Al Volto hat nur gemeinsam, daß es typisch venezianisch ist. Es sind die Künstler des nahen Goldoni Theaters darunter, die Angestellten der Gemeindeverwaltung am Rialto, die Richter des Berufungsgerichts um die Ecke und abends die Söhne und Töchter aller.

Osteria
da Alberto

Alberto ist der Renaissance-Fürst unter den
bàcari-Wirten Venedigs. Ganze 20 Jahre jung,
hatte er 1989 die erste Wiedergeburt eines herun-
tergekommenen, ehemaligen *bàcaro* in S. Lio in
Angriff genommen. Natürlich haben ihn damals seine Altersgenossen für verrückt erklärt, und die alten Venezianer haben ihn gehänselt. Da muß eine alte
Nachbarschaftskneipe nach der anderen schließen, und ausgerechnet ein junger
Bursche eröffnet etwas so Altmodisches wie ein *bàcaro*. Ihre *ombra*, ihr traditionelles Gläschen Wein haben sie dann aber doch gerne bei ihm getrunken und
sich gefreut, daß sie dazu wieder ihre warmen gekochten Tintenfische oder
nerveti essen konnten, Kalbsknorpel, gekocht, gewürzt und gesäuert, eine uralte
venezianische Spezialität, die immer mehr verschwindet.

Und nun hat Alberto Ferrari, nach acht erfolgreichen Jahren in S. Lio, seinen
zweiten Wiederbelebungsversuch gestartet. Seine neue Osteria befindet sich an
einer für Besucher Venedigs sehr reizvollen Ecke, nahe der großen Dominika-
nerkirche San Giovanni e Paolo, bei den Einheimischen kurz San Zanipolo
genannt. Mit einer typisch venezianischen Wortschöpfung hat man aus zwei
Heiligen kurzerhand einen gemacht. Wenige Schritte sind es auch nur zu der
kleinen Kirche Santa Maria dei Miracoli, dem wunderschönen Frührenaissance-
Kirchlein, in der Form eines Schatzkästchens oder wertvollen Reliquienschreins
von Piero und Tullio Lombardo erbaut und innen wie außen ganz mit polychro-
mem schimmerndem Marmor verkleidet.

Die imposante gotische Kirche Zanipolo ist das Pantheon Venedigs, Begräbnisstätte von 25 Dogen und berühmter Persönlichkeiten. Vor der Kirche steht, wie ein Wegweiser zu Albertos Lokal, das bronzene Reiterdenkmal des Condottiero Colleoni, des berühmtesten Söldnerführers der Republik Venedig. Sein testamentarisches Versprechen, der Stadt ein beträchtliches Vermögen und seine berühmte Bibliothek zu vermachen, hatte er an die Bedingung geknüpft, daß man ihm nach seinem Tode ein Denkmal vor San Marco errichten würde. Die listigen, jedem Persönlichkeitskult abholden venezianischen Senatoren erfüllten nach seinem Ableben 1475 scheinbar diese Forderung, indem sie ihm das Standbild vor der Scuola di San Marco, heute das Krankenhaus der Stadt, errichten ließen, und konnten so die reiche Hinterlassenschaft kassieren. Im republikanischen Venedig wäre es undenkbar gewesen, irgendeine Person dadurch über alle anderen Bürger zu erheben, daß man ihr eine Statue auf dem wichtigsten Platz der Stadt aufstellen ließ. In diesem Gemeinwesen war das Amt wichtig, nicht der gewählte Amtsinhaber, der nur auf Zeit der Gemeinschaft diente.

Auch Gassen und Plätze der Stadt wurden nie nach Berühmtheiten benannt, sondern nach Berufen oder örtlichen Gegebenheiten. So finden wir in Venedig mehrere Calle del Pistor,

Bäckergassen, oder dei Calegheri, solche der Schuster, oder eine
Calle drio la chiesa, eine Gasse hinter der Kirche u.ä. Die Calle
Giacinto Gallina, in der sich die Osteria da Alberto befindet,
macht nur scheinbar eine Ausnahme von dieser strikt einge-
haltenen Regel. Sie wurde erst in unserem Jahrhundert nach
einem venezianischen Bühnendichter aus der zweiten Hälfte
des 19. Jahrhunderts benannt, also lange nach dem Ende der
Serenissima.

Albertos neue Osteria ist mindestens ebenso gemütlich wie sein
erstes *bàcaro*, obwohl er jetzt doppelt so viele Gäste bewirten
kann. Ausschlaggebend für den Wechsel war die Küche. Seine
bisherige Kochnische hat er gegen eine veritable, für venezianische Verhältnisse sogar recht große Küche getauscht. Hier kann
er sich endlich austoben, assistiert von Signora Cicci, die ihn
mit ihrer langen Erfahrung als Köchin auf dem Boden der Tat-
sachen hält. Leider sieht man ihn deshalb kaum mehr hinter
der Theke, die wie immer mit den besten *cicheti* voll beladen ist.
Dort führen jetzt Ehefrau Marina und Schwägerin Emanuela
das Regiment. Aber sein Rückzug in die Küche sei ihm ver-
ziehen, hat sie doch wunderbare Folgen: Nudelgerichte mit
delikaten Fischsoßen, mit *caparosoli* zum Beispiel, den großen
venezianischen Venusmuscheln, oder mit pikant gewürzten

Risotto con fondi di carciofo
Risotto mit Artischocken

Zutaten für 4 Personen

**6 kleine italienische Artischocken
80 ml Olivenöl
1 Bund Petersilie
1 Zehe Knoblauch
1 l Brühe
1 kleine Zwiebel
200 g italienischer Rundkornreis
30 g Butter
60 g frisch geriebener Parmesan
Salz, frisch gemahlener Pfeffer**

Die Artischocken von allen Blättern
befreien und nur die geputzten
Böden und die unteren 3–5 Zenti-
meter der Stiele verwenden. Zubereiten, wie im Rezept auf Seite 23
beschrieben. Das restliche Öl in
einem Topf erhitzen und die feinge-
schnittene Zwiebel darin glasig werden lassen. Brühe in einem separa-
ten Gefäß erhitzen. Reis zu den
Zwiebeln geben und darin wenden.
Die Artischockenböden dazugeben,
etwas Brühe angießen und zu
rühren beginnen. Immer wieder
heiße Brühe nachgießen und etwa
20 Minuten unter Rühren den Reis
garen. Zum Schluß den Topf vom
Feuer nehmen, die Butter und
anschließend den Parmesan unterrühren und zugedeckt noch einen
kurzen Moment ruhen lassen. Den
sämigen Reis heiß servieren.

scampi, perfekt sämige *risoti*, mit den kleinen venezianischen
carciofi oder mit anderen Gemüsesorten, je nach Saison.

Die Räume, die Alberto jetzt mit seiner achtköpfigen Mann-
schaft belebt, haben davor für eine kurze Zeit ein Ristorante
Vegetariano beherbergt. Jedem in Venedig war klar, daß dieses
gut gemeinte Experiment hier keinen Erfolg haben würde. Die
Venezianer lieben die Vielfalt, würden nie auf all die unzähligen
Meerestiere verzichten, die die Lagune täglich frisch hergibt,
oder auf eine dampfende Scheibe *museto con polenta*, wenn es
draußen feucht und neblig ist. Und vor allem waren sie noch
nie dogmatisch. Gemüse wird zwar heiß geliebt, täglich in aller
Herrgottsfrühe fahren voll beladene Boote von der Lagu-

Figà a'la venessiana
Venezianische Kalbsleber

Zutaten für 4 Personen

500 g Leber
2 große weiße Zwiebeln
40 g Butter
½ Glas Olivenöl
Salz, Pfeffer
Petersilie

Die Leber in mundgerechte Stücke und die Zwiebeln in feine Ringe schneiden. In einer Pfanne das Öl und die Butter erhitzen, die Zwiebelringe hineingeben und zugedeckt langsam goldgelb werden lassen. Nach ca. 20 Minuten die Leberstücke hineinlegen und bei hoher Temperatur kurze Zeit braten. Mit Salz und Pfeffer abschmecken und das fertige Gericht mit fein gehackter Petersilie bestreuen.

Beilage: frische *polenta*

Weiche Polenta

Zutaten für 4 Personen

800 g Maismehl
1 TL Salz

Polenta wird klassischerweise im *paiolo* gekocht, einem bauchigen Kupfertopf, der über dem offenen Feuer hängt. Für zu Hause tut's aber auch ein normaler Kochtopf, in dem man 2½ l Wasser mit dem Salz zum Kochen bringt. Unter ständigem Rühren mit einem Holzlöffel das Maismehl in das Wasser geben und eine gute halbe Stunde kochen, bis sie eine glatte, dickflüssige Masse geworden ist. Die fertige *polenta* wird entweder noch warm und flüssig serviert oder in einen tiefen Teller gegossen, der mit einem runden Holzbrett abgedeckt wird. Beides zusammen umdrehen, den Teller abheben und den Polentakuchen abkühlen lassen. *Polenta* dann in dicke Scheiben schneiden und als Beilage servieren.

neninsel Sant'Erasmo in die Stadt hinein, aber sich darauf zu beschränken käme niemandem in den Sinn. Vielleicht um die wenigen Gäste des alten vegetarischen Restaurants nicht zu enttäuschen, bietet Alberto auch einige fisch-und fleischlose Gerichte an wie *melanzane alla parmigiana*, überbackene Auberginen oder *zuppa di farro e cereali*, Dinkel- und Getreidesuppe.

65

Osteria
Ca'd'Oro

Die Osteria Ca'd'Oro ist eines der schönsten Lokale seiner Art in Venedig. Es wurde mit einfachen Mitteln sorgfältig restauriert und hat dabei seinen Charakter nicht verändert. Ein perfektes Make-up, perfekt, weil man es nicht wahrnimmt. Namensgeber ist der Ramo Ca'd'Oro, eine Gasse, die als Verlängerung der Calle Ca'd'Oro von dem berühmten gotischen Palast am Canal Grande und der gleichnamigen Vaporetto-Anlegestelle hierherführt.

Um die Restaurierung der einmalig schönen Fassade der Ca' d'Oro bemüht man sich unter Verschalungen seit vielen Jahren mit aufwendigen Mitteln und zweifelhaften Erfolgen. Den Besuchern bietet sich, anstatt des verspielten, asymmetrischen gotischen Maßwerks, ein trauriger Anblick, der an eine verschleierte Witwe denken läßt.

»La Vedova«, »die Witwe«, ist auch der Name, unter dem die Osteria Ca'd'Oro bis heute bei den Einheimischen bekannt ist. Viele verbinden damit noch die persönliche Erinnerung an die Mutter der derzeitigen Besitzer – eine ebenso resolute wie liebenswerte Persönlichkeit.

Der erste *bàcaro* an dieser Stelle, einem ehemaligen Käselager, hatten schon die Urgroßeltern der Geschwister Renzo und Mirella Doni eröffnet. Sie waren vor mehr als 100 Jahren bezeichnenderweise aus Brindisi in Apulien hierher gekommen. Also ein Originalbàcaro, D.O.C., wie man beim Wein sagen würde, auch wenn Renzo heute mit der Bezeichnung *bàcaro* nicht mehr ganz einverstanden ist. »Mir ist die Bezeichnung *osteria* lieber. Die *bàcari* werden wesentlich bescheidener, sowohl was das Publikum als auch die Qualität der angebotenen Weine angeht.«

Man versteht seinen Vorbehalt leicht, wenn man sein Publikum betrachtet – meist Freiberufler und Akademiker zu Mittag, viele junge Leute am Abend. Die guten Weine kommen vornehmlich aus dem venzianischen Hinterland, etwa Venegazzù am Montello, ein bekanntes Weinbaugebiet. Ein Cabernetwein des Gutes Venegazzù Vini wurde schon von Charles De Gaulle geschätzt und seitdem Rosso Capo die Stato genannt. Andere kommen aus dem Gebiet um Verona oder aus dem Friaul. Köstlich auch der Zibbibo, der Süßwein aus Sizilien, den Renzo zu den *bussolai,* dem typischen Gebäck aus Chioggia serviert.

Supa de tripe
Kuttelsuppe

Zutaten für 4 Personen

800 g vorgekochte Rinderkutteln
4 EL Olivenöl
1 Zwiebel
1 Zweig Rosmarin
2 Lorbeerblätter
1 l kräftige Rinderbrühe
Salz, Pfeffer
frisch geriebener Parmesankäse

In Öl die gehackte Zwiebel anbräunen. Die vom Zweig abgestreiften
Rosmarinnadeln dazugeben, ebenso
die Lorbeerblätter. Die Kutteln in
Streifen schneiden, salzen, pfeffern
und ebenfalls in die Pfanne geben.
Mit Wasser bedecken und auf großem Feuer 2 Stunden kochen. Wenn
nötig, Wasser nachgießen. Am Ende
der Kochzeit soll alles Wasser verkocht sein. Die Kutteln in die heiße
Rinderfleischbrühe geben und mit
geriebenem Parmesankäse bestreut
servieren.

Für Gäste mit großem oder kleinem Hunger quillt die Theke
über mit appetitanregenden *cicheti* und einer Unzahl verschiedener Gemüsevorspeisen. In der Küche bereitet Signora Ada
täglich frisch unterschiedliche Suppen- und Nudelgerichte. Zu
ihren Spezialitäten gehören die *supa de tripe* oder die *supa de
fasioi*, eine köstliche Kuttelsuppe oder eine mit roten Bohnen
aus dem Lamontal, *penete coi articiochi* oder col *radicio*, kurze
Röhrennudeln mit Artischocken oder Radicchio, *gnochi* oder,
immer freitags, einen *risoto coi gambareti e rucola*, das fleischlose Lieblingsgericht aller Stammgäste. Mir hat aber das *pastisso
de radicio rosso*, eine Lasagne mit Radicchiofüllung, ganz besonders gut geschmeckt. Das Rezept hat sie mir nur nach dem
hochheiligen Versprechen verraten, daß ich kein Restaurant in
der Nähe eröffnen würde.

Radicio ist die Grundlage vieler venezianischer Wintergerichte.
Der Besitzer und Koch eines berühmten Restaurants in Conegliano hat in einem Buch über 600 Rezepte mit Radicchio
aufgeschrieben. Beim Radicchio unterscheidet man in Venedig
hauptsächlich zwei Sorten: den roten aus Treviso, der wegen
seiner länglichen Form auch *spadone* (Schwert) genannt wird,
und den gesprenkelten, rosenförmigen aus Castelfranco – gotisch der erste und rokoko der zweite, wie ein Liebhaber der
Trevisaner Küche kulinarisch stilgeschichtlich schreibt.

Der Anbau von Radicchio liegt bis heute in der Hand kleiner
bäuerlicher Familienbetriebe, die vor allem von Oktober bis
September mit Ernte und Veredelung, die noch vollkommen
handwerklich durchgeführt werden, beschäftigt sind. Die Vermarktung findet hauptsächlich auf den Jahresmärkten im Dezember in Treviso und Castelfranco, der Geburtsstadt des
Malers Giorgione, statt. Hier wird bis heute der schönste

Pastisso de radicio rosso
Lasagne mit Radicchiofüllung

Zutaten für 6 Personen

1 weiße Zwiebel
3 EL Olivenöl
½ kg Salsiccia (ersatzweise grobes
Wurstbrät, dem man noch etwas
Knoblauch hinzufügt)
1 Glas trockenen Weißwein
2 kg Radicchio aus Treviso
½ l Bechamelsauce
500 g Lasagneblätter
100 g Parmesankäse, frisch gerieben
20 g Semmelbrösel
2 TL Butter

Zwiebel kleinhacken und im Öl andünsten. Wurst in kleinen Stücken hinzufügen und anbraten. Den Weißwein angießen und etwas verkochen lassen. Den in Stücke geschnittenen Radicchio dazugeben und auf kleinem Feuer alles etwa 20 Minuten kochen lassen. In der Zwischenzeit die Bechamelsauce vorbereiten und unterrühren. Die inzwischen *al dente* gekochten Lasagneblätter in einer feuerfesten Form abwechselnd mit Füllung aufeinanderschichten, wobei bei jeder Lage etwas Parmesan darübergestreut wird. Auf der letzten Lage Füllung werden zum Abschluß die Semmelbrösel darübergestreut und diese dann mit Butterflecken bedeckt. Im auf 180 Grad vorgewärmten Ofen für 10 Minuten überbacken.

Salatkopf prämiert, und man erzählt sich alljährlich die Geschichte, wie eine Adelige der Stadt sich anläßlich einer Premiere in der Scala von Mailand mit einer solchen Radicchio-Rose ihr Dekolleté geschmückt hat.

Wenn Castelfranco sich so stolz auf seine eßbaren Blumen zeigt, möchte Treviso nicht zurückstehen und widmet seinem Salat folgende poetische Zeilen:

Se lo guardo, egli è un sorriso
se lo mangio, è un paradiso
il radicchio di Treviso.

Verse, die man in etwa so übersetzen könnte:

Er schaut aus wie ein Lächeln,
er schmeckt wie das Paradies,
der Radicchio aus Trevis.

Al Bacco

Wie der Name schon sagt, sind wir auch dieses Mal wieder im richtigen Lokal, gewidmet dem Gott des Weines, zu dessen Ehren man den köstlichen Cabernet aus den Colli Veneti, den man hier serviert, trinken sollte.

Es ist nicht leicht, Al Bacco zu finden, es liegt versteckt an den Fondamenta delle Cappuccine, gleich hinter dem Ghetto. Aber die Suche lohnt sich, das schöne Lokal hat sich die Atmosphäre vergangener Tage bewahrt, mit alten Tischen und schönen Lampen an den Wänden. Für den liebenswürdigen Roberto Meneghetti, Besitzer seit 1983, war es eine bewußte Entscheidung, das alte Gasthaus nicht zu verändern, alles zu lassen, wie es war, und nicht auf eine Standardmodernisierung und damit auf Standardgäste zu setzen. Richtig schon deshalb, weil diese Art von Klientel sich zu selten in die versteckten Winkel Venedigs, fernab von San Marco verirrt.

Wir befinden uns am Rande des Ghettos, einst Wohnstätte aller Juden Venedigs. Die Bezeichnnng »Ghetto« für derartige abgeschlossene Wohnbezirke nahm von hier ihren Ausgang. Seit dem 16. Jahrhundert mußten alle Juden, die in der Lagune lebten, in diesem Stadtteil wohnen, in dem sich ursprünglich die Gießereien, die sogenannten *getti*, befanden. Die Umformung in »Ghetto« folgt der jüdischen Aussprache. Mit dem Fall der venezianischen Republik öffneten sich die Tore, und so leben heute im Ghetto nur noch wenige Juden, auch wenn die Synagogen Venedigs sich immer noch hier befinden.

Wenn wir unseren Wirt fragen, ob sich einige hebräische Spuren auf der Speisekarte seines Lokals erhalten haben, erklärt er uns, daß sich mit der Integrierung der Juden in Venedig auch deren spezifische Ernährungsgewohnheiten weitgehend verloren haben. Allerdings hat die hebräische Tradition schon davor der venezianischen Küche wesentliche Impulse gegeben, vor allem bei der Zubereitung von Gemüsen, die bis heute noch vielfach *alla giudia*, unter Verwendung von Essig oder Zitronensaft, süßsauer zubereitet werden. Nicht zu vergessen, daß die Juden

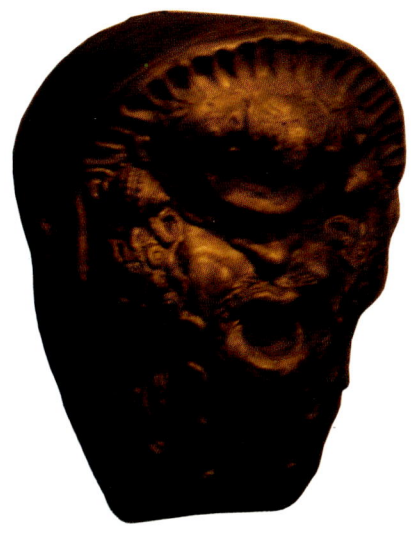

Cabernet (Cabernet Franc)
Cabernet gibt es in zwei Varianten, Franc und Sauvignon. Er hat sich vom Bordeaux aus auf der ganzen welt verbreitet. Oft werden die beiden Sorten miteinander vinifiziert: Der Franc ist aggressiver, und der Sauvignon besser strukturiert und aristokratischer. In vielen italienischen Weinen, z.B. beim Chianti, hat er sich als ideale Beimischung bewährt, die die lokalen Weine aufwertet.

Melansane in tecia
Frittierte Auberginen mit Tomatensauce

Zutaten für 4 Personen

1 kg Auberginen
4 EL Olivenöl
50 g Butter
2 EL Mehl
¼ l Frittieröl
1 Knoblauchzehe
1 Bund Petersilie
200 g geschälte Tomaten
Salz

Auberginen waschen, Stiel und Blätter abschneiden. Die lilafarbene Haut mit ca. ½ cm weißem Fruchtfleisch zusammen in Längsstreifen herunterschneiden (das Innere der Auberginen verwenden die Venezianer meistens nicht). Streifen gut salzen und in einem Sieb mindestens eine Stunde abtropfen lassen, damit die Bitterstoffe herausgehen. Anschließend die Streifen in Mehl wenden und in heißem Öl frittieren. Mit einer Schaumkelle herausnehmen und auf Küchenpapier trocknen lassen. In einer Pfanne Olivenöl und Butter erhitzen, Knoblauch und gehackte Petersilie anbräunen und die in Stücke geschnittenen Tomaten und die Auberginen dazugeben. Ca. 20 Minuten kochen, dann servieren.

auch die Verwendung der *melanzane,* also der Auberginen, einführten. Die Frucht galt als ungenießbar, gesundheitsschädlich, wie die Herleitung des Namens *malum insanem* belegt. Man glaubte, der Esser würde dem Wahnsinn verfallen und sie sei eine Frucht der Hexen und Magier. Das Geheimnis ihrer Zubereitung lag schon damals wie heute im Herauslösen der Bitterstoffe durch Salz. Hebräisch ist auch eine andere, ganz venezianische Tradition, Risotto mit allen nur erdenkbaren Gemüsen zuzubereiten. Eine ganz spezielle Zubereitung des urvenezianischen *bacalà* ersetzte, wie in einem Dokument von 1783 belegt, in der jüdischen Variante die verbotene Milch durch Mandelmilch und ist eine echte Geschmackssensation.

Scampi in busara

Zutaten für 4 Personen

5 EL Olivenöl
5 Zehen Knoblauch
1 kg Scampi
¼ l trockener Weißwein
Salz, edelsüßes Paprikapulver
20 g Semmelbrösel
gehackte Petersilie

In einer großen Pfanne auf lebhafter Flamme das Öl erhitzen und die Knoblauchzehen braun werden lassen, herausnehmen und wegwerfen. Die gewaschenen frischen Scampi in die Pfanne geben und schwenken. Den Wein hinzufügen und auf weiterhin großem Feuer einige Minuten kochen lassen. Die Scampi mit Salz und Paprika abschmecken, mit Semmelbrösel und Petersilie überstreuen, noch einmal gut in der reichlich entstandenen Sauce wenden und ohne diese servieren. Mit der Sauce läßt sich ein sehr gutes Spaghettigericht zubereiten.

Im 18. Jahrhundert existierten in Venedig zumindest drei koschere Restaurants und aus den dreißiger Jahren unseres Jahrhunderts ist das letzte im Campo San Gallo bezeugt. Heute existieren nurmehr einige hebräische Spezialitäten, die man unter anderem in wenigen Bäckereien und Metzgereien noch kaufen kann. Robertos jüdische Gäste und Freunde erfreuen sich heute mit allen anderen gemeinsam an seinen Fischgerichten, Schalentieren und Muscheln, auch wenn letztere weder Flossen noch Schuppen besitzen und deshalb eigentlich den Juden verboten sind.

Aber Köstlichkeiten wie Scampi aus der Adria kann nun mal keiner widerstehen. Die besten werden in mondhellen Nächten im Frühjahr und im Herbst gefischt. Sie leben in flachen Gewässern, in denen das Sonnenlicht spielt und sind an ihrem weichen Panzer klar von Garnelen aus dem Atlantik zu unterscheiden, die in größeren, dunklen Tiefen leben und deren Fleisch weit weniger süß und weich ist. Robertos Spezialitäten sind *scampi in busara*, ein altes istrisches Rezept, *spagheti a'le sepe nere,* also mit schwarzer Tintenfischsauce, oder mit *granseola*, dem Fleisch der Meeresspinne, und eine Lasagne mit Austern.

Seine Küche ist allerdings nur abends geöffnet; nur am Samstag und Sonntag kocht er auch zu Mittag.

Codroma

In Venedig gibt es außer der Piazza San Marco, die als einzige die Auszeichnung »Piazza« trägt, drei weitere große Plätze: Campo S. Stefano, Campo S. Polo und Campo S. Margherita. Letzerer ist der venezianischste von allen. Hier trifft man die Hausfrauen bei ihrem allmorgendlichen Einkauf an den Marktständen, umschwirrt von einer Unzahl von Kindern.

Am Ende dieses schönen lebendigen Platzes liegt die Kirche Santa Maria dei Carmini. Von hier aus sind es nur wenige Schritte bis zur Brücke Ponte del Soccorso. Jenseits des Kanals stößt man, wenn man nach links geht, bald auf den außergewöhnlichste *bàcaro* der ganzen Stadt. Was das Codroma von allen anderen *bàcari* unterscheidet, ist nicht der äußere Aspekt. Selbst wenn dieses Lokal vielleicht noch eine Spur schöner ist als die anderen, besitzt es doch dieselbe authentische, dichte Atmopshäre und ein vergleichbares Angebot. Aber jenseits von Essen und Trinken geht man zu Codroma, um das andere, das intellektuelle Venedig zu treffen. Es ist eines der wenigen Lokale, das bis 2 Uhr nachts geöffnet hat und immer voller Menschen ist, die diskutieren und lesen, arbeiten oder auch spielen: Karten, Schach und Monopoli, aber vor allem leidenschaftlich Backgammon. Der Donnerstag ist den Mitgliedern des Backgammon-Clubs reserviert, die aus dem ganzen Veneto anreisen, sogar aus Udine und Triest. Freitags finden regelmäßig öffentliche Literaturabende mit Autorenlesungen und Diskussionen statt. Giovanni selbst, der den *bàcaro* zusammen mit Simonetta und Besitzer Alfonso führt, sieht Pier Paolo Pasolini nicht unähnlich, mit der obligaten schwarzen Ledermütze und dem Flair des Linksintellektuellen.

Regelmäßig werden Ausstellungen veranstaltet, immer von Malern guter Qualität, ob sie sich nun in der Szene schon einen Namen gemacht haben oder auch nicht.

All das hat eine lange Tradition. Codroma war der Name des früheren Besitzers, dessen verblichenes Foto hinter der Theke

Tocai

Die Tocai-Traube ist die im Veneto
am häufigsten angebaute weiße
Traubensorte überhaupt. Die idea-
len Voraussetzungen, was den
Boden und das Klima betrifft, findet
sie in den Hügeln um Gorizia in
Friaul. Sie ist eine ursprünglich aus
dem Friaul oder dem Veneto stammende Traube, um deren Namen es
einiges Durcheinander gibt: Außer
diesem, der von hier nach Ungarn
übernommen wurde, verbindet sie
nichts mit der Rebe, aus deren
Früchten der berühmte Tokaji
gekeltert wird, und im Elsaß
bezeichnet man mit Tokay d'Alsace
den Pinot gris, den auch hierzulande
weit verbreiteten Pinot grigio. Gro-
teskerweise wird aber aller Voraus-
sicht nach, laut EG-Beschluß, das
Original seinen Namen ändern
müssen, damit der ungarische
Tokaji seinen Namen ohne Ver-
wechslungsgefahr behalten kann.
Der Tocai aus dem Veneto hat eine
strohgelbe Farbe, die auch etwas ins
Grün spielen kann. Er hat einen fei-

nen blumigen Duft, der bei Spitzen-
gewächsen oft deutlich auch an bit-
tere Mandeln erinnert, eine milde
Säure und ist durchgegoren, angenehm trocken und nicht stark alko-
holhaltig. Was im Veneto die *ombra*
ist, ist in Friaul der *tajut*. Und der
Wein der *tajuts* schlechthin ist der
Tocai.

Marzemino di Refrontolo

Der Wein kommt aus der DOC-Zone des Prosecco. Jemand, der begeistert und beschwingt vom Prosecco die Strada del Vino bianco entlang fährt, wird kaum in Refrontolo anhalten und nach dem rubinroten perlenden Rotwein fragen – nichtsdestotrotz lohnt er einen Aufenthalt. Kulturmenschen, Musikliebhaber gar, könnten sich daran erinnern, daß Mozart in seinem Don Giovanni diesen seltenen *vino passito* unsterblich gemacht hat.
Ein Marzemino wird auch in andern Gebieten angebaut, doch ist der von Refrontolo unvergleichlich.
Die Traube wird im Oktober geerntet, bis Weihnachten auf Rosten getrocknet und in der Weihnachtswoche gekeltert. Er lagert dann bis März in Holzfässern und wird anschließend in Flaschen abgefüllt; er ist rubinrot bis violett und hat einen Alkoholgehalt von 12-13,5 %.

am Fenster hängt. Er war eine nach außen gekehrte Persönlichkeit und ein hervorragender Koch. Seine Osteria befand sich damals wie heute in einem der Arbeiterviertel Venedigs, Hochburg der sozialistischen Partei. Sie war schon immer Stammlokal eines sehr gemischten Publikums, darunter eine kleine, aber kämpferische Gruppe von Nationalisten. Im Sommer 1911, nachdem Deutschland mit Frankreich den Vertrag unterzeichnet hatte, demzufolge die Franzosen freie Hand in Marokko hatten, wurde das Codroma eines der aktivsten Propagandazentren für die Intervention Italiens in Lybien. Um dem Kriegsverlauf besser folgen zu können, brachten die Gäste eine riesige Karte des sogenannten Tripolitanien an den schönen Holzwänden an.

Auch heute ist es keine Seltenheit, Gruppen in heftige Streitgespräche verwickelt zu erleben, die sich um soziale und politische Themen drehen.

Codroma, das ganz andere *bàcaro*, das beweist, daß Venedig nicht nur Geschichte und Vergangenheit ist, sondern gelebte und nicht immer einfache Gegenwart.

Corte Sconta

Bàcaro, Osteria oder Spitzenrestaurant? Wenn man sich nach dem äußeren Anschein richtet – die große Theke mit Marmorplatte, die Holztische ohne Tischdecke, die einfachen Lampen darüber – dann gibt es keinen Zweifel, ein richtiger *bàcaro*.

Betrachtet man sich dagegen die Preise und vor allem die Tatsache, daß man, um einen Platz zu finden, oft schon Wochen im voraus bestellen muß, dann weiß man, daß man sich in einem der bekanntesten und beliebtesten Restaurants von Vendig befindet.

Fragen wir Claudio Proietto nach der Lösung des Rätsels. – Noch vor 40 Jahren befand sich in diesen Räumen eine echte *osteria*. Viele Leute brachten sich von zuhause das Essen mit und bestellten sich lediglich etwas zu trinken. Das war etwas ganz Normales zur damaligen Zeit. Oft waren die *osterie* die einzigen geheizten Orte in der ganzen Stadt, und keiner ißt gerne bei Kälte. Als sich diese Gewohnheit im Lauf der Zeit zunehmend verflüchtigte und die *osteria* immer mehr zur *bottiglieria* wurde, wo man Wein in Flaschen verkaufte, behielt man trotzdem einige Tische bei, die von den Kartenspielern benutzt wurden.

Als Claudio und sein damaliger Partner das Lokal 1980 pachteten, versuchten sie von Anfang an, die Kartenspieler und damit die Leute aus den umliegenden Gassen an ihrem angestammten Platz zu halten. Der Erfolg des Lokals, der sich fast unmittelbar – und in diesem Ausmaß völlig unerwartet – einstellte, brachte doch Veränderungen mit sich. Einer der Gründe des Gelingens

Sardoni a'la greca
Sardinen auf griechische Art

Dieses Gericht haben die Griechen mit nach Venedig gebracht, die in der nahen griechisch-orthodoxen Kirche von San Giorgio bis heute ihre Gemeinde haben.

Zutaten für 4 Personen

700 g frische Sardinen
Salz, Pfeffer
8 EL Olivenöl
4 EL Essig
Petersilie

Die Sardinen ausnehmen, entgräten und die Köpfe abtrennen. Salzen, pfeffern und zusammen mit dem Olivenöl in einer Lage in einer großen Pfanne leicht anbraten. Mit Essig übergießen und den Essig verkochen lassen. Mit feingehackter Petersilie überstreuen und servieren.

Pinot bianco

Die Rebe trägt auch den schönen Namen Weißburgunder und stammt aus Deutschland. In Italien eingeführt wurde sie unter den habsburg-lothringischen Großherzögen der Toskana im 18. Jahrhundert. Erzeugnisse von Weltklasse bringt der Pinot bianco in den besten Lagen Friauls. Dorthin ist die Traube aller Wahrscheinlichkeit nach durch den Grafen de la Tour gekommen, der 1983 durch Heirat in den Besitz von Weinbergen bei Capriva im Collio gelangt war. Ein großer Pinot bianco wird heute noch unter dem Namen seines Gutes Villa Russiz angebaut, ein echter Ausnahmewein, der das heute in der Villa befindliche Waisenhaus finanziert.

liegt sicher in der Person Claudios, ehedem ein junger aktiver Gewerkschaftler und sehr beliebt. Darüber hinaus war er, zusammen mit Freundin Rita, mit der er heute sein Lokal führt, ein eifriger Besucher vieler *bàcari*, immer umgeben von zahlreichen Freunden.

Anfänglich öffnete die Corte Sconta um acht Uhr am Vormittag, wenn die ersten Schiffsleute von den nahen Anlegestellen an der Riva ihr erstes Glas Wein tranken. Gegen vier Uhr des darauffolgenden Morgens schlossen die erschöpften Besitzer für nur kurze vier Stunden die Türen hinter dem letzten Besucher. Aber eben das wurde zum Geheimnis des Erfolges. Entgegen der allgemeinen Tendenz, wonach man die alten Lokale schloß, um

Bisato in umido
Gedünsteter Aal

Zutaten für 4 Personen

1 Aal (max. 400 g)
3 EL Olivenöl
1 Zwiebel
1 Karotte
1 Stange Staudensellerie
1 Glas Weißwein
2 frische Tomaten
frische Basilikumblätter

Den Aal putzen und ihn mehrfach bis fast durch den ganzen Körper einschneiden. In dem Olivenöl kleingehackt Zwiebel, Karotte und Sellerie leicht braun werden lassen, den Aal hinzufügen und Wein angießen, aufkochen lassen und nach einigen Minuten die geschälten und gewürfelten Tomaten und das Basilikum auf kleiner Flamme kochen lassen und auf frisch gemachter Polenta servieren.

sie als touristische Allerweltslokale wiederzueröffnen, setzte Claudio auf seine alten Freunde und das venezianische Publikum. Und in dem Maß, in dem viele Stammlokale geschlossen wurden, füllte sich die Corte Sconta, die versuchte, ein *bàcaro* im traditionellen Sinne zu bleiben, auch was die Küche betraf – traditionell venezianisch mit einfachen Gerichten zu moderaten Preisen.

Langsam, nachdem sie schon einige Male keinen freien Platz mehr vorgefunden hatten, begannen die Gäste, telefonisch einen Tisch vorzubestellen. Damit setzte eine Veränderung ein, zu der auch der ehemalige Kompagnon von Claudio nicht unwesentlich beitrug. Er hatte zuvor als Hotelportier gearbeitet, und es war ihm gelungen, seine Kollegen in den Nobelherbergen Venedigs von der Qualität ihres kleinen Lokals zu überzeugen, so daß diese die mutigeren unter ihren Gästen in die engen Gassen in der Nähe des Arsenals schickten, um sie noch etwas vom alten Venedig entdecken zu lassen. Nach und nach bewegten sich die Bedürfnisse beider Seiten aufeinander zu. Man wurde der sich zum Teil verändernden Klientel gerecht, ohne den eigenen Charakter aufzugeben. Service und Öffnungszeiten paßten sich an, und aus dem *bàcaro* wurde ein Restaurant, in dem es auf geheimnisvolle Art und Weise gelingt, eine in ihrer

Einfachheit perfekte Küche in einer intakten Atmosphäre un-
aufgeregt zu zelebrieren – im Sommer im kleinen Innenhof, der
dem Platz seinen venezianischen Namen gab; Corte Sconta
heißt auf Italienisch *cortile nascosto* und auf Deutsch übersetzt
»versteckter Hof«.

Und eine andere Eigenheit fällt jedem Erstbesucher sofort auf –
er betritt das einzige venezianische Restaurant, das keine Bilder
an den Wänden hat. »Meine Gäste sind die Bilder«, bemerkt
Claudio mit einem angedeuteten Lächeln dazu und beschreibt
so, mit einem Nebensatz, das wahre Geheimnis seines Erfolges.

Vini da Gigio

Vini da Gigio ist ein weiteres Beispiel für die gelungene Fortentwicklung eines *bàcaro* zu einer vorzüglichen Osteria. »Aber immer noch Osteria und nicht Restaurant«, meint der kompetente junge Wirt Paolo Lazzari, worauf er großen Wert legt. »In der Gastronomie muß die Entwicklung in Richtung Tradition gehen«, erklärt er, »denn das ist der einzig vernünftige Weg in einer Stadt, die sich derart von sich selbst entfremdet hat wie Venedig. Die Küche Venedigs ist so reich an Vielfalt und Geschmack, daß es nicht notwendig ist, neue Gerichte zu erfinden; es genügt, die von einst wiederzuentdecken.«

Auf seiner Suche stützt er sich auch auf ein Buch, das bezeichnenderweise den Titel »A tola coi nostri veci« (Zu Tisch mit unseren Vorfahren) trägt. Es steckt voller Rezepte aus dem 15. und 16. Jahrhundert, die im selben venezianischen Dialekt wiedergegeben sind, in dem sie damals aufgezeichnet wurden. Mit nur wenigen kleinen Änderungen bringt Paolo sie heute auf den Tisch. So findet man bei Vini da Gigio zu gegebener Zeit auch viele Wildgeflügelgerichte, das einst mit Leidenschaft gejagte und verzehrte *selvadego de vale*: durch die Lagune und das Po-Delta ziehende Stockenten, Knäkenten, Krickenten und Pfeifenten.

Die Jagd in der Lagune ist noch heute ein Erlebnis wie aus längst vergangenen Zeiten: Noch vor Sonnenaufgang rudern die Jäger auf ihren Booten hinaus in die flachen Gewässer, die in frühmorgendlichem Dunst liegen, ein Bild, wie es schon Pietro Longhi gemalt hat.

Überall stehen die schilfgedeckten Hütten, in denen die erlegten Wildenten sofort gerupft und ausgenommen werden, die eßba-

ren Innereien werden gleich in Grappa eingelegt, die Vögel für einige Tage abgehangen und dann meist in einer gut gewürzten Beize aus Weißwein und Essig mariniert, die nicht selten durch Sardellen zusätzlich eine besondere Geschmacksnote erhält.

Wildgeflügel wird in der venezianischen Küche bis heute gern gefüllt, als *anara col pien* oder mit der berühmten *salsa peverada*, einer Pfeffersauce, zubereitet.

Bei Paolo Lazzari ißt man hervorragende *bigoli* oder *taiolini coa salsa de selvadego*.

In der Küche von Vino da Gigio arbeiten, unter der gestrengen Aufsicht von Mutter und Schwester von Paolo, zwei Berufsköche. Einer hat sich ganz auf Fisch und Fischsaucen zur Pasta spezialisiert; seine schwarzen Tagliolini mit *gambareti* erfreuen den Gaumen ebenso wie das Auge. Und frisch frittierte *moleche* findet man ohnehin sehr selten und noch seltener in dieser Qualität.

Sein Kollege stammt aus Treviso und kocht mit Leidenschaft die typischen Gerichte des venezianischen Hinterlandes, zum Beispiel eine unvergleichliche überbackene Taubensuppe, die *sopa coada* aus dem Montello. Die Zubereitung dieses schmackhaften

Taiolini coa salsa de selvadego
Feine Bandnudeln
mit Wildgeflügelsauce

Zutaten für 4 Personen

**1 frische Wildente, 800–1000 g mit
Innereien (auch Fasan, Schnepfe,
Rebhuhn)**
1 Karotte
1 Zwiebel
1 Stange Staudensellerie
2 EL Olio di olivia extra vergine
30 g Butter
3 Blatt Salbei
Salz, Pfeffer
320 Tagliolini
50 g frisch geriebener Parmesankäse

Die gerupfte Ente gut waschen und
die Innereien zur Seite legen. In
einem großen Topf ausreichend
Salzwasser zusammen mit Karotte,
Zwiebel, Sellerie und der Ente zum
Kochen bringen und für ca. eine
Stunde kochen.

In einer Pfanne die kleingeschnitte-
nen Innereien (Herz, Magen, Leber)
in Öl und Butter mit Salbei anbräunen, salzen, pfeffern, und mit etwas
Entenkochwasser übergießen. Ca.
eine halbe Stunde köcheln.

Ente aus ihrem Kochwasser nehmen
und unter Umständen zu einer
Hauptspeise weiterverarbeiten.
Das Kochwasser absieben und darin
die Tagliolini *al dente* kochen.

Die fertigen Nudeln in der Pfanne
mit der Sauce schwenken und servieren.

Gerichtes ist langwierig, wie der Name besagt – »ausgebrütete
Suppe«. Aber die Mühe lohnt sich.

Ein weiterer Pluspunkt der Osteria ist, neben der guten Küche,
die erfreuliche Tatsache, daß Paolo ein passionierter Wein-
freund ist. Seine Weinkarte sucht in Venedig seinesgleichen. Es
sind Edelgewächse kleiner Produzenten, vorwiegend aus dem
Veneto und Friaul, mit einem hervorragenden Verhältnis von
Preis und Qualität. Und das paßt bestens zur Philosophie des
Hauses, laut der versucht werden soll, Qualität zum bestmögli-
chen Preis anzubieten. Deshalb reserviert Paolo immer noch,
nach alter *bàcaro*-Manier, gleich am Eingang, vier ungedeckte

Sopa coada
Überbackene Taubensuppe

Zutaten für 4 Personen

2 Tauben mit Lebern
1 Karotte
1 Stange Staudensellerie
1 Zwiebel
120 g Butter
1 Glas trockener Weißwein
Salz, Pfeffer
6 Scheiben altbackenes Brot
100 g frisch geriebener Parmesankäse
2 l Fleischbrühe, nicht zu salzig

Die gereinigten Tauben vierteln.
Karotte, Sellerie und Zwiebel kleinschneiden und mit 50 g Butter in einer Pfanne anbraten. Die Tauben hinzufügen und anbräunen und nach und nach den Weißwein angießen. Den Wein verkochen, salzen, pfeffern und die Pfanne mit einem Deckel abdecken. Auf kleinster Flamme eine halbe Stunde köcheln lassen. Nach 25 Minuten die Lebern hinzufügen. In der Zwischenzeit in der restlichen Butter die Brotscheiben rösten.

Die gekochten Tauben entbeinen, ohne das Fleisch zu sehr zu zerpflücken. Die Lebern halbieren. Den Bratensatz mit einem Liter Brühe vermischen. Eine tiefe feuerfeste Form mit Butterpapier ausreiben, zwei Brotscheiben in die Brühe tunken, in die Form legen und mit einem Drittel des Käses bestreuen. Darauf die Stücke einer Taube und zwei Leberhälften legen. Mit den restlichen Zutaten den Vorgang wiederholen und zum Schluß das Ganze mit den letzten beiden Scheiben Brot, mit Käse überstreut, abdecken. Brühe dazugeben, bis die letzten Brotscheiben gerade feucht sind. Anschließend die Suppe im nur 80 Grad warmen Ofen für mindestens 3 Stunden »ausbrüten«.

Immer wieder Brühe hinzufügen, damit alles schön feucht bleibt. Klassischerweise wird die restliche Brühe in Tassen dazu serviert.

Tische, wo man Kleinigkeiten für den Mittagshunger zu sich nehmen kann. Wer dagegen mehr Zeit hat und Lust, sich verwöhnen zu lassen, der setze sich in eines der beiden hellen Gastzimmer, mit Blick auf den kleinen Kanal vor der Tür, und genieße einen der gepflegtesten und doch unprätentiösen kulinarischen Aufenthaltsorte Venedigs.

Glossar der venezianischen Begriffe

Venezianisch	Italienisch	Deutsch
àmolo	susina	Pflaumen
anara	anatra	Ente
anara col pién	anatra ripiena	gefüllte Ente
armelín	albicocca	Aprikose
articiochi	carciofi	Artischocken
aséo	aceto	Essig
bacalà mantecato	baccalà mantecato	Stockfisch, cremig geschlagen
bagigi	arachidi	Erdnüsse
baícoli	–	süßer Zwieback
becarìa	macelleria	Metzgerei
bìgoli	spaghetti integrali	Vollkornspaghetti
bisato	anguilla	Aal
bisi	piselli	Erbsen
bòseghe	cefali	Meeräschen
bovoleti	chioccioline	kleine Weinbergschnecken
branzín	branzino	Seebarsch
broéto	brodetto di pesce	pikant gewürzte Fischsuppe
bruscandoli	luppoli	Spitzen junger Hopfensprossen
budín	budino	Pudding
bussolai	–	rundes Gebäck
canocie	cicale di mare	Heuschreckenkrebse
caparossoli	tartufi di mare	Venusmuscheln
cape sante	cappe sante	Jakobsmuscheln
cape longhe	cannolicchi	Messerscheiden (Muschelart)
carne in tecia	stufato	Schmorbraten
castadina	castrato	Hammelgericht
castraùre	–	kleine Lagunen-Artischocken
cicheti	cicchetti	Happen
clinto	–	Rotwein aus dem Veneto
codeghín	cotechino	Schweinswurst
conicio	coniglio	Kaninchen

cónsa	condita	angemacht
costesìne	costolette	Schweinsrippen
crema frita	crema fritta	gebackene Creme
cren	rafano	Meerettich
cróstoli	–	Karnevalsgebäck
dìndio	tacchino	Truthahn
erbete rave	rape rosse	rote Beete
fasioi	fagioli	Bohnen
fenòci	finocchi	Fenchel
figà	fegato	Leber
figadini	fegatini	Geflügelleber
folpeti	polipetti	kleine Polypen, Tintenfische
folpi	polipi	Polypen, Tintenfische
formàjo	formaggio	Käse
fornèr	fornaio	Bäcker
fragolino	–	süßer Wein
frito misto	fritto misto	frittierte Fische
frìtole	frittelle	venezianische Krapfen
fugassa	focaccia	Fladen
galani	–	in Schmalz gebackene Teig-bänder
gambareti	gambaretti	Shrimps
garùsoli	lumache di mare	Meeresschnecken
gnochi	gnocchi	Nocken
gò	ghiozzo	Grundeln (Lagunenfisch)
goto	bicchiere	Glas
granseola	grancevola	Meeresspinne
gransípori	gransiporri	Riesenkrabben
gransi	granchi	Taschenkrebse
graspa	grappa	Tresterschnaps
lengua	lingua	Zunge
lengua salmistràda	lingua salmistrata	Pökelzunge
liévaro in salmì	lepre in salmì	Hasenragout, sauer geschmort
luganega	salsiccia	venezianische Frischwurst
masanéte	granchi	Krabben, Taschenkrebse
mas-cio	maiale	Schwein
masòri	anatre selvatiche	Wildenten aus der Lagune
melansane	melanzane	Auberginen
minestrón	minestrone	Gemüsesuppe
molèche	granchi in muta	unmittelbar nach der Häu-tung gefangene Taschen-krebse
mostarda	–	in Meerettich-Senfsauce ein-gelegte kandierte Früchte
muséto	musetto	Schweinskopfwurst
nerveti	nervetti	Kalbsknorpeln
ombra	–	kleines Glas Wein
oseléti scampai	spiedini	Fleischspieß
ossi da morto	–	Anisknochen (Plätzchen)
ossocòlo	coppa di maiale	Nackenschinken
óstrega	ostrica	Auster
panada	zuppa di pane	Brotsuppe

paparele	pappardelle	breite Bandnudeln
parsùto	prosciutto	Schinken
passere	passere	Schollen
pastissada de cavàl	stufato di cavallo	geschmortes Pferdefleisch
pastisso	pasticcio	Lasagne
pearà	–	venezianische Pfeffersauce mit Mark
penete	pennette	kleine Röhrennudeln
penín de porco	piedino di maiale	Schweinsfuß
peoci	cozze	Miesmuscheln
peperonada	peperonata	Paprikagemüse
persegàda	cotognata	Quittenbrot
pescaria	pescheria	Fischmarkt
pésse	pesce	Fisch
pévare	pepe	Pfeffer
pevaroni	peperoni	Gemüsepaprika
peverada	–	Pfeffersauce
peverasse	telline	kleine Miesmuscheln
pinsa	pinza	Maistorte
pissacani	dente di leone	Löwenzahn
polastro in tecia	pollo in umido	Huhn in Tomatensauce
polenta	–	Maisbrei, gelb oder weiß
pomi coti	mele cotte	Bratäpfel
porsèo	porcello	Schwein
quaja	quaglia	Wachtel
radicio	radicchio	Radicchio(-Salat)
rafiòi	ravioli	Maultaschen
renga	aringa	Hering
risi e bisi	risotto di piselli	Erbsenrisotto
risoto nero	risotto nero	schwarzes Tintenfischrisotto
risoto	risotto	Reisgericht
risoto de mar	risotto di mare	Risotto mit Meeresfrüchten
rósto	arrosto	gebraten
rucola	–	Rauke
s-chíe	schile	kleine graue Garnelen
s-ciósi	chiocciole	Schnecken
salame coto	salame cotto	gekochte Wurst
saor	sapore	Marinade auf Zwiebelgrundlage
sardele	sardelle	Sardinen
seano	sedano	Sellerie
sègole	cipolle	Zwiebeln
selvàdego	selvaggina	Niederwild
sepe	seppie	Tintenfische
sfogi	sogliole	Seezungen
sopa	zuppa	Suppe
sopa de pesse	zuppa di pesce	Fischsuppe
sopa coàda	zuppa covata	überbackene Taubensuppe
sopressa	soppressa	dicke Bauernsalami
spàresi	asparagi	Spargel
spienza	milza	Milz
spumilie	meringhe	Baisers, Meringues
suca rosta	zucca arrostita	Kürbis aus dem Ofen

Register der Rezepte

Literatur

Agostini, Pino: Venezia in cucina, Venedig 1991.

Da Mosto, Ranieri: Il Veneto in cucina, Mailand 1969.

Maffioli, Giuseppe: La cucina veneziana, Padua 1987.

Meuth, Martina u. Berndt Duttenhofer: Venetien und Friaul. Küche, Land und Leute, München 1991.

Osterie d'Italia, München 1991.

Salvatori de Zuliani, Mari: A tola coi nostri veci, Mailand 1983.

Zorzi, Elio: Osterie veneziane, Venedig 1967.

Zwecker, Hellmuth: Venetien und Friaul. Ein kulinarischer Reiseführer, München 1993.

Adressen der Bàcari

① Do Mori
Calle dei Do Mori 429
S. Polo-Venezia
Telefon 5225401
Öffnungszeiten: 8.30–13.30 und 17.00–20.30
Sonntag und Mittwochnachmittag geschlossen

② Antico Dolo
Ruga Vecchia San Giovanni 798
S. Polo-Venezia
Telefon 5226546
Öffnungszeiten: 10.00–15.00 und 18.30–22.00
Sonntag geschlossen

③ Vivaldi
Calle de la Madoneta 1457
S. Polo-Venezia
Telefon 5238185
Öffnungszeiten: 10.00–15.00 und 18.00–24.00
Sonntag geschlossen

④ Al Portego
S. Lio 6015
Castello-Venezia
Telefon 5229038
Öffnungszeiten: 8.00–22.00
Sonntag geschlossen

⑤ Al Mascaron
Calle lunga S. Maria Formosa 5225
Castello-Venezia
Telefon 5225995
Öffnungszeiten: 11.00–15.00 und 18.30–24.30
Sonntag geschlossen

⑥ Al Volto
S. Luca, Calle Cavalli 4081
S. Marco-Venezia
Telefon 5228945
Öffnungszeiten: 10.00–14.30 und 17.00–22.30
Sonntag geschlossen

⑦ Da Alberto
Calle Giacinto Gallina 5401
Cannaregio-Venezia
Telefon 5238153
Öffnungszeiten: 9.00–15.00 und 17.30–22.00
Sonntag geschlossen

⑧ Ca' d'Oro
Ramo Ca' d'Oro 3912
Cannaregio-Venezia
Telefon 5285324
Öffnungszeiten: 11.30–14.30 und 18.30–23.00
Donnerstag und Sonntagvormittag geschlossen

⑨ Al Bacco
  Fondamenta Capuzine 3054
  Cannaregio-Venezia
  Telefon 717493
  Öffnungszeiten: 10.30–14.00 und 18.30–24.00
  Montag geschlossen

⑩ Codroma
  Ponte del Soccorso 2540
  Dorsoduro-Venezia
  Telefon 5246798
  Öffnungszeiten: 9.30–16.00 und 18.30–1.00
  Donnerstag geschlossen

⑪ Corte Sconta
  Calle del Pestrin 3886
  Castello-Venezia
  Telefon 5227024
  Öffnungszeiten: 11.00–15.30 und 18.00–22.00
  Sonntag und Montag geschlossen

⑫ Vini da Gigio
  Calle de la Stua 3628 A
  Cannaregio-Venezia
  Telefon 5285140
  Geöffnet zu den üblichen Tischzeiten
  Sonntagabend und Montag geschlossen

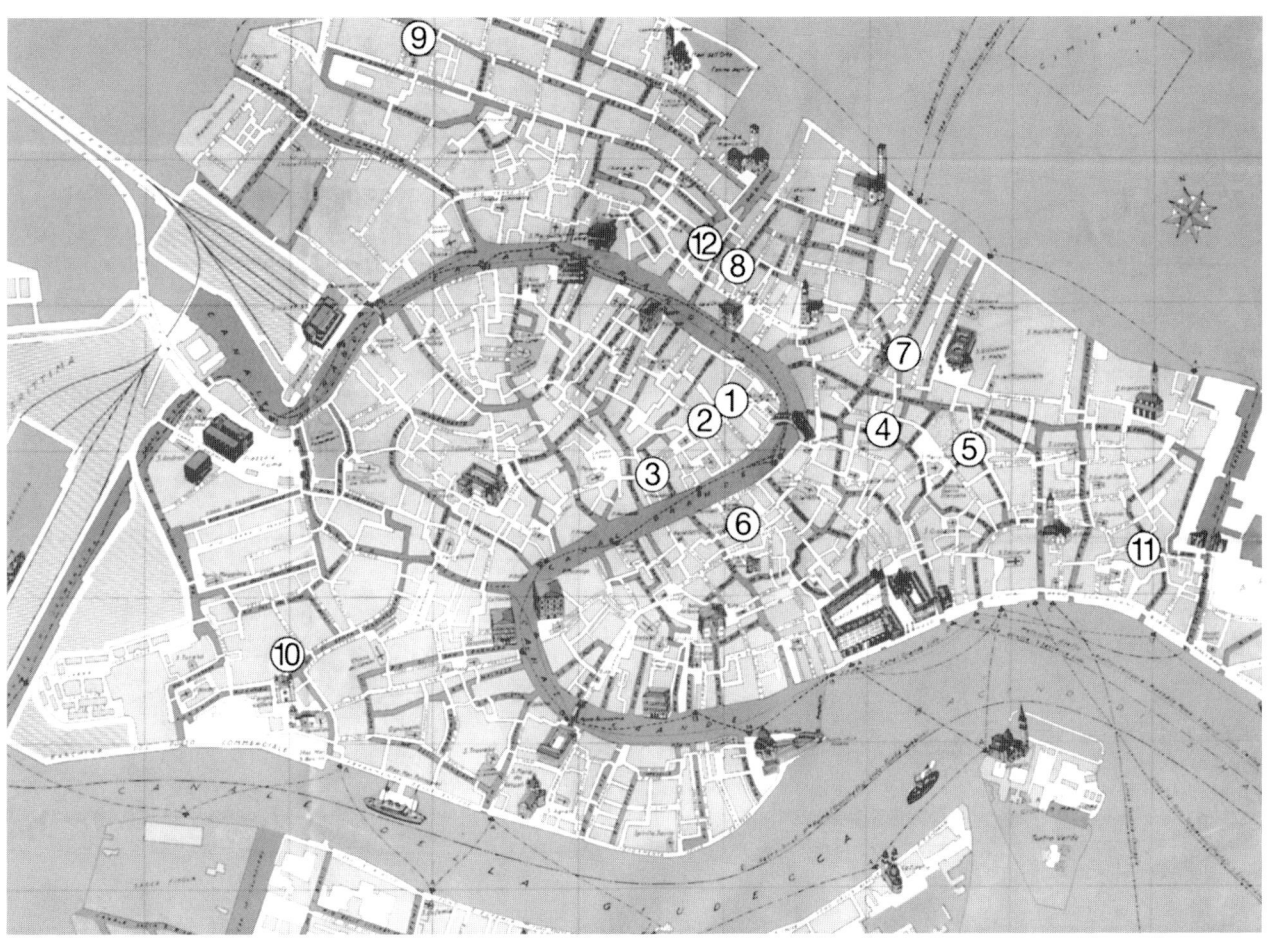

Weitere Bücher
zur toskanischen Küche
im Heinrich Hugendubel Verlag

GIANNI BRUNELLI · CHRISTOPH MANN

OSTERIA LE LOGGE

Die Küche der Toskana

Mit einer Einführung von Otto Schily
und einem Liedtext von Gianna Nannini

Aus dem Italienischen von Hellmuth Zwecker

96 Seiten, vierfarbig
Großformat, Leinen

In seinem Kochbuch verrät der Padrone der »Osteria Le
Logge« in Siena seine besten Rezepte der für die Küche der
Toscana so typischen Gerichte. Die kulinarischen Bilder des
Malers Christoph Mann kitzeln den Gaumen und machen
Lust, selbst auszuprobieren, was die Küche Gianni Brunellis
so berühmt gemacht hat.
Küchenkunst als Kultur, als Teil der Lebenskunst, wie leuch-
tet das ein, wenn man die köstlichen Rezepte liest – Ente mit
Weintrauben, Salat aus feinen Steinpilzscheiben, Kuchen mit
Spinat und Mangoldblättern, Bandnudeln mit Trüffeln und
allerlei wundervolle Desserts. Wie der Wein, das grüne Öl, das
zarte Fleisch der Rinder aus dem Chianatal ist Brunelli selbst
ein Kind der Gegend, und in seinen Gerichten leben der Duft,
die Farben und der Geist der Toskana.

HEINRICH HUGENDUBEL VERLAG

HELLMUTH ZWECKER

IL CAPPELLAIO PAZZO

Mit Rezepten von Denny Brucci
und Bildern von Lothar Wurm

92 Seiten, vierfarbig
Großformat, Leinen

Das Ristorante Cappellaio Pazzo an der toskanischen Küste gilt bei kulinarischen Liebhabern seit einiger Zeit als besonders beliebte Adresse – und zwar bei Einheimischen wie auch bei Fremden. Das Lokal liegt nur einige hundert Meter von tyrrhenischen Meer entfernt, versteckt in den macchiabewachsenen Hügeln an der Straße vom Küstenbadeort San Vincenzo nach Campiglia Marittima.

Denny Brucci, ein besonders kreativer toskanischer Koch ist nach kulinarischen Lehr- und Wanderjahren zum heimischen Herd, zur traditionellen toskanischen Fischküche zurückgekehrt. Die frischen Zutaten entstammen dem Meer vor der Haustüre und dem dazugehörigen malerischen Küstenstreifen. Auch die über 40 Gerichte entstammen diesem Stück Heimat und den Kindheitserinnerungen, die der Koch Denny Brucci damit verbindet.

HEINRICH HUGENDUBEL VERLAG